COMUNÍCATE COMO UN BUDISTA

CYNTHIA KANE

COMUNÍCATE COMO UN BUDISTA

Los cuatro elementos
de la comunicación positiva

books4pocket

Argentina – Chile – Colombia – España
Estados Unidos – México – Perú – Uruguay

Título original: *How to Communicate Like a Buddhist*
Editor original: Hierophant Publishing, San Antonio, Texas
Traducción: Núria Martí Pérez

1.ª edición en **books4pocket** Febrero 2022

Copyright © 2016 by Cynthia Kane
All Rights Reserved
© 2017 de la traducción *by* Núria Martí Pérez
© 2017 *by* Ediciones Urano, S.A.U.
Plaza de los Reyes Magos, 8, piso 1º C y D – 28007 Madrid
www.edicionesurano.com
www.books4pocket.com

ISBN: 978-84-16622-81-8
E-ISBN: 978-84-16715-87-9
Depósito legal: B-11-2022

Fotocomposición: Ediciones Urano, S.A.U.

Impreso por Novoprint, S.A. – Energía 53 – Sant Andreu de la Barca (Barcelona)

Impreso en España – *Printed in Spain*

Te dedico este libro, lector.
Que llegue a tus manos cuando más lo necesites.

Antes de hablar
deja que tus palabras pasen por tres puertas.

En la primera, pregúntate:
«¿Es verdad?»

En la segunda:
«¿Es necesario?»

En la tercera:
«¿Es afectuoso?»

PROVERBIO SUFÍ

Índice

Introducción

No intentes usar lo que has aprendido
del budismo para ser un budista; úsalo para ser
mejor persona de la que ya eres.

DALAI LAMA

Durante muchos años estuve dependiendo de otras personas en mi forma de comunicarme. Lo que quiero decir es que raras veces expresaba cualquiera de mis necesidades o deseos: creía que los demás me leerían el pensamiento. Fingía que todo iba bien, respondía que sí cuando en realidad quería decir no, o decía lo que los demás querían oír. No expresarme nunca de verdad significaba que por dentro estaba hirviendo con ocurrencias pasivo-agresivas, sintiéndome frustrada a todas horas por mis necesidades insatisfechas. Siempre le achacaba mi malestar a alguien. Ahora sé que no comprendía lo que es la verdadera comunicación y cómo en aquel tiempo fijarme en mis palabras, ser consciente de lo que decía mientras lo decía y observarme sin juzgarme habría cambiado la relación que mantenía conmigo misma y con los demás.

Yo era producto de mi entorno. Mis maestros en la infancia fueron ante todo mis padres y otros miembros de la familia, pero no lo digo para echarles la culpa, simplemente hacían lo que habían aprendido de sus familias, y estas hacían lo mismo de sus propias familias, y así sucesivamente. Los otros educadores en mi vida fueron mis amigos y mis novios, y de ellos adquirí hábitos que procedían a su vez de cómo se habían estado comunicando sus familias a lo largo de generaciones. Cuando por fin me di cuenta de mi forma de comunicarme, ¡vi que no había una sola cosa que fuera mía!

Piensa por un momento en tu estilo predeterminado de comunicarte. Tal vez alguno de tus hábitos sea escuchar solo lo que te apetece, hablar más alto que los demás para ser oído, creer que sabes más que el resto, interrumpir, quejarte, cerrarte en banda y largarte, o asumir el papel de víctima. O tal vez no te has parado a pensar en cómo te comunicas. Si esto te describe, no te preocupes, no eres el único. Muchas personas van por la vida sin ser conscientes de cómo se comunican. Lo han hecho tantas veces que forma parte de su día a día sin que se den cuenta y sin ver cómo es. A veces las palabras nos salen de la boca sin estar seguros de lo que estamos diciendo, o torcemos el gesto y solo lo advertimos porque la persona con la que estamos hablando nos lo comenta. Pero como ocurre con cualquier aspecto de la personalidad, podemos cambiar nuestra forma de comunicarnos si vemos que ya no nos es útil.

Este libro surgió de mi necesidad de volver a definir mi modo de comunicarme. Para volver a trabajar en cómo interactuaba con el mundo de mi alrededor y me comunicaba conmigo misma y con los demás. Al observarlo atentamente, vi que mis métodos equivocados a la hora de comunicarme me impedían relacionarme con los demás como yo verdaderamente quería.

Aunque quería ser una persona abierta, comprensiva y compasiva, y alegrarme por el bien ajeno, lo único que podía hacer era reaccionar desde mi estado de inseguridad porque creía que la buena suerte de los demás me quitaría la mía, o que su éxito haría de algún modo que el mío me costara más de alcanzar. Compararme con los demás me hacía reaccionar incluso con mayor viveza, empujándome a una conducta pasivo-agresiva y a culpar a la gente por lo que yo no sentía o hacía. Si una chica que conocía era guapa, eso significaba que yo era fea. Si a un amigo le publicaban un artículo en el *New York Times*, significaba que yo estaba más lejos aún de conseguir algo parecido. Si una amiga se comprometía con su novio, significaba que yo nunca iba a encontrar a nadie a quien amar.

¿Qué fue entonces lo que cambió? Uno de mis mejores amigos falleció trágicamente y su muerte hizo que cambiara mi visión del mundo. Me di cuenta de que la vida era demasiado hermosa para estar siempre enojada, comparándome, compitiendo, pensando que esto está bien y aquello está mal constantemente. La vida era demasiado imprevisible como para ofender a los demás y ofenderme a mí misma con mis diálogos. La vida era para disfrutarla y no para sufrir. Deseaba con toda mi alma vivir el presente, gozar de mi tiempo en este mundo. Leí libros, asistí a cursos, y me apunté a talleres, y lo hice para ocuparme de mí, para descubrir cómo podía sentirme bien en la vida cotidiana. Y fuera cual fuera la clase, el profesor o el mentor, me daba cuenta una y otra vez de que la causa de mi infelicidad e inseguridad era mi modo de comunicarme. La forma de hablarme a mí misma y de conversar con los demás condicionaba hasta tal punto mi estado emocional, que para disfrutar realmente de cada momento, para vivir el presente, tuve que aprender una nueva manera de interactuar.

Mi búsqueda me llevó al centro de meditación Shambhala de Nueva York, donde aprendí los cuatro elementos de la recta palabra del budismo. Cuando oí hablar por primera vez de ellos fue como si el temporizador de mi horno interior se hubiera apagado, y supe que podía basarme en estos principios para comunicarme. Recuerda que no es necesario ser budista para comunicarte como tal, porque los beneficios que reporta están al alcance de cualquiera.

Los cuatro elementos son unas reglas de comunicación, que he estado modernizando y fusionando con otras formas de comunicación mindful y no violenta a lo largo de los últimos cinco años, y también con lo que yo llamo «comunicación autorresponsable», para crear una práctica cotidiana. Cambiar la manera en que me comunicaba conmigo misma y con los demás me ha ayudado a muchos niveles: ha aumentado mi autoestima, ha disminuido mi estrés y mi ansiedad e incluso ha mejorado mi rutina del sueño. También me ha ayudado a entender mis propios sentimientos y los de los demás, ha aumentado mis ganas de vivir, ha reducido mi conducta reactiva y compulsiva, y me ha ayudado a reconocer mis deseos y a esclarecer mis metas. Cambiar mi forma de comunicarme me ha ayudado a crear una vida más serena, equilibrada y vital. Mi nueva forma de comunicarme me ha permitido convertirme en una mejor amiga, hija, hermana, esposa, tía, empleada y compañera de trabajo sin necesidad de renunciar a mi propia felicidad. Espero que al cambiar tu modo de comunicarte tu vida y la vida de tu gente también cambien.

Qué te enseña este libro

Al principio explico los elementos tradicionales budistas de la recta palabra, puesto que son fundamentales. El resto del libro trata de la práctica que he ido desarrollando a lo largo de los últimos cinco años. Como verás en las páginas siguientes, empecé a comunicarme de una nueva forma haciendo pequeños cambios en mi vida. Muchos de los ejemplos tratan de pequeños temas de comunicación, porque he descubierto que si haces pequeños cambios en las conversaciones cotidianas, estarás más preparado para comunicarte mejor cuando surjan temas más importantes en tu vida. Si aprendes a desenvolverte en los diálogos del día a día, evitarás caer incluso en algunos errores que pueden darse en conversaciones más largas.

La primera parte te muestra qué clase de comunicador eres en la actualidad, en qué necesitas trabajar exactamente y cómo este libro te ayudará a cambiar tu forma de comunicarte. Y, además, te describe los elementos de la recta palabra.

A continuación te sumergirás en la práctica de cinco pasos que he creado para cambiar tu manera de comunicarte. Como los cambios siempre deben empezar por dentro, antes que nada te pediré que te escuches con más atención. Después te dedicarás a escuchar a los demás. Cuando domines la herramienta de escucharte a ti y a los demás, aprenderás a ser consciente, conciso y claro al hablar. También aplicarás los principios budistas del mindfulness y de la espaciosidad en tus conversaciones, viendo el silencio como parte del lenguaje. Y, por último, te presentaré el último elemento necesario para comunicarte como un budista: la meditación. En cuanto conozcas estos cinco pasos, compartiré contigo el proceso mental de comunicarte de esta nueva forma y de qué manera, al hacerte varias preguntas, tus conversaciones se volverán afectuosas, sinceras y provechosas.

Dado que tu vida es una larga conversación, en la sección «Cultiva la comunicación» de cada capítulo encontrarás ejercicios para poner en práctica algunas de las ideas que te ofrezco. Te animo a llevar un diario, si es que aún no lo haces, ya que en este libro tendrás muchas oportunidades para reflexionar sobre situaciones del presente y del pasado, y en cómo te comunicarás de distinta forma en el futuro. También he descubierto que llevar un diario me permite comunicarme mejor no solo porque hace que reflexione sobre el pasado, sino también porque a veces me ayuda a expresar con palabras emociones complejas o difíciles. Si puedo expresar cómo me siento en una página, me resultará más fácil hacerlo en mis conversaciones. Cada capítulo concluye con un apartado titulado «Recuerda», en el que resumo los puntos más importantes.

Tal vez has elegido este libro porque quieres aprender a decir lo que piensas con más precisión y a expresar cómo te sientes, o quizá deseas arreglar antiguas relaciones, empezar otras nuevas o te interesa aprender a manejar conversaciones difíciles. A lo mejor te has dado cuenta de que necesitas cambiar tu forma de relacionarte con los demás y quieres un manual de principiante con unos pasos básicos para comunicarte de distinta manera. La buena noticia es que este libro cumplirá todos estos deseos. Lo que aprenderás en él te ayudará a comunicarte en casa, en el trabajo, con los amigos y con la familia, y también en tu relación de pareja. Yo puedo enseñártelo porque he intentado aprender a expresarme para ser escuchada y a escuchar a los demás sin juzgarlos, estando presente en las conversaciones, y en este libro te describo cómo puedes conseguirlo tú también.

Antes de empezar me gustaría aclarar una cosa: como cualquier deporte, actividad o forma de arte, ser un buen comunicador lleva su tiempo. Es algo en lo que siempre podemos mejorar sea cual sea nuestro nivel. Nunca he conocido a un comunicador «perfecto», incluyéndome a mí, porque incluso después de llevar años trabajando en este proceso siempre encuentro áreas en las que mejorar.

Me entusiasma que hayas elegido este libro y estés listo para intentar una nueva forma de comunicarte. Al dar este paso te estás abriendo a un nuevo modo de verte y de percibir a los demás y al mundo. No es una tarea fácil, pero si yo lo he conseguido, tú también lo conseguirás.

¿Cuál es tu forma de comunicarte?

Alza tus palabras, no tu voz. Es la lluvia la que hace crecer las flores, no los truenos.

RUMI

Para dejar atrás tus hábitos y empezar a comunicarte de otro modo, lo primero que tienes que averiguar es qué clase de comunicador eres. Como muchas tradiciones espirituales, el budismo recomienda que te veas tal como eres, que seas consciente de tus virtudes y defectos y evalúes adónde quieres ir. Es importante saber cuál es tu forma de comunicarte actual para ver cómo vas evolucionando a lo largo de las próximas semanas y meses. El siguiente test te ayudará a definir cuál es tu estilo comunicativo y a ver de qué manera te guiará este libro en tu viaje hacia una comunicación sana.

Me gustaría empezar con unas pocas sugerencias: es posible que al hacer este test descubras que ya eres un gran comunicador. Si es así, intenta leer el libro con una mente curiosa; seguro que descubrirás algo nuevo en sus páginas.

Haz el test sin apresurarte. Tómate tu tiempo y considera hasta qué punto te identificas con cada pregunta. Es una oportunidad para ser franco y sincero sobre cómo te comunicabas antes. Y, por último, anota las respuestas en el margen de las páginas o en tu diario para calcular la puntuación obtenida. Contesta cada pregunta con un «Nunca», «Casi nunca», «A veces», «A menudo» o «Siempre».

1. Cuando te sientes atacado verbalmente o criticado, ¿respondes criticando a tu vez?

2. ¿Crees saber lo que los demás están pensando?

3. ¿Pones los ojos en blanco o haces algún otro gesto físico para demostrar que no estás de acuerdo con algo?

4. ¿Te comparas con los demás?

5. ¿Cuando alguien comparte un problema contigo le sugieres enseguida cómo resolverlo o le das consejos?

6. ¿Te sientes responsable de los sentimientos de los demás?

7. ¿Respondes sí cuando quieres decir no?

8. ¿Te tomas lo que dice la gente como algo personal?

9. ¿Mientes?

10. ¿Exageras?

11. ¿Chismorreas o hablas mal de los demás a sus espaldas?

12. ¿Le hablas despectivamente a la gente?

13. ¿Finges que no te pasa nada cuando no es así?

14. ¿Te descubres interrumpiendo a los demás cuando están hablando?

15. ¿Te burlas de la gente?

16. ¿Usas las palabras para dominar a los demás o demostrarles tu superioridad?

17. ¿Abordas las conversaciones con un sentido de lo correcto y lo incorrecto?

18. ¿Esperas obtener lo que quieres controlando las situaciones?

19. ¿Cuando escuchas a los demás estás pensando en otras cosas?

20. ¿Te cuesta expresar tus sentimientos y necesidades?

Suma tus respuestas: Siempre = 1 punto; A menudo = 2 puntos; A veces = 3 puntos; Casi nunca = 4 puntos; Nunca = 5 puntos.

Siempre _____
A menudo _____
A veces _____
Casi nunca _____
Nunca _____
Total _____

Resultados

78 o más puntos: te comunicas con claridad

Sabes que para comunicarte con claridad tienes que ser empático y comprensivo. Que la comunicación consiste en dar y recibir y además no te tomas las críticas a pecho. Crees que para ser un buen comunicador debes ser sincero, emplear un lenguaje provechoso y no chismorrear. Eres consciente del valor de tus palabras y al mismo tiempo sabes que cualquier persona con la que hablas es tu igual, ya que quiere lo mismo que tú: ser escuchada, vista, comprendida y tenida en cuenta.

Usa este libro para pulir y perfeccionar tu habilidad para comunicarte. Aplica estas técnicas en tu vida cotidiana, así cultivarás y sustentarás tu estilo comunicativo ayudando al mismo tiempo a los demás a comunicarse mejor.

63-77 puntos: no te comunicas con demasiada claridad

Aunque vayas por buen camino, todavía hay algunos obstáculos que hacen que sientas que avanzas dos pasos y retrocedes otros dos. Estás deseando aprender a ser un gran comunicador, pero ahora tienes que llevarlo a la práctica. Cuanto más te acostumbres a fijarte en tus palabras, más capaz serás de expresar cómo te sientes, de pedir lo que quieres, de escuchar a los demás y de responder a las situaciones en lugar de reaccionar a ellas.

Este libro te ayudará en todos los aspectos que acabo de mencionar. He descubierto que las personas que obtienen esta puntuación en el test se benefician enormemente de la primera parte del libro, en la que aprenderás a abandonar las viejas historias de carencias que te has estado contando y a verte con afecto. Si has obtenido esta puntuación también te será de gran ayuda la parte que trata de escuchar a los demás, ya que al poner en práctica esta parte en tu día a día cambiará tu modo de interpretar la información. Y, además, al aprender a elegir tus palabras y a expresarte con claridad tu habilidad para comunicarte mejorará, alcanzando el siguiente nivel.

62 o menos puntos: no te comunicas con claridad

Este era mi estado cuando yo empecé: me encerraba en mí misma en lugar de compartir cómo me sentía, reaccionaba a las palabras de los demás en vez de responder a ellas y me comunicaba de manera pasivo-agresiva en lugar de ser asertiva y clara. Como juzgaba a la gente y comparaba mis interioridades con sus exterioridades, siempre acababa diciéndome con acritud un montón de cosas negativas en mi mente. Aunque como comunicadora dejara mucho que desear, esto también significaba que cambiando mi forma de comunicarme iba a progresar enormemente en ello. El hecho de haber elegido este libro significa que tú también estás preparado para cambiar. Quieres aprender a comunicarte de un modo que te haga sentir bien contigo mismo, y que te deje satisfecho y tranquilo al interactuar con la gente. Y además quieres aprender a expresarte, sabiendo que eres capaz de satisfacer tus propias necesidades.

Este libro será un gran reto para ti, pues puede que te saque de tu zona de comodidad. Lo único que te pido es que seas paciente contigo mismo mientras lo pones en práctica. Tómatelo con calma y ve adquiriendo estos hábitos poco a poco. Espero que hagas todos los ejercicios y te reserves un tiempo para dar estos pasos en tu vida cotidiana. Sé que no es agradable sentirte incómodo en la vida, pero te prometo que esta incomodidad te llevará a adquirir una nueva visión de ti y de tu capacidad para comunicarte.

Sea cual sea la puntuación obtenida, uno de los principios básicos que enseña el budismo es que te encuentras exactamente donde se supone que debes estar. Cuando al principio vi claramente cuál era mi forma de comunicarme, me sentí deprimida y confusa. Recuerdo que me senté en el sofá, diciéndome: ¡Vaya! ¿Y ahora qué hago? Había estado interactuando de la misma manera durante más de treinta años y de pronto me pareció como si todo lo que había estado haciendo, o no diciendo y haciendo, fuera lo que me hubiera impedido progresar. Este hallazgo fue bueno y positivo, pero no tenía idea de cómo empezar a relacionarme conmigo misma y con los demás de otra manera. ¿Cómo iba a conseguirlo?

Por pura casualidad, recibí lo que en aquella época creí que era un correo electrónico fortuito de una amiga sobre un taller de escritura y meditación impartido en el centro de meditación Shambhala de Nueva York. Por alguna razón deseé apuntarme y fue en él donde descubrí los cuatro elementos de la recta palabra. Cuando los oí y me los explicaron supe que había dado con una guía para comunicarme en mi vida cotidiana. Para mí supuso una forma fácil de ver qué era lo que necesitaba abandonar, conservar o añadir a mi modo de comunicarme.

Cada interacción que mantenemos puede verse desde la óptica de estos cuatro elementos. En el siguiente apartado explicaré en qué consisten y analizaré cada uno en detalle.

Los cuatro elementos de la recta palabra

En marzo de 2011, sentada en el suelo de mi apartamento en la ciudad de Nueva York, lloraba inconsolablemente. Mi mejor amigo había muerto de forma inesperada. Mientras navegaba en kayak por un río de Costa Rica, se lo tragaron las aguas. Durante meses no hice más que llorar tumbada o sentada en el suelo y expulsar todo mi dolor en pañuelos de papel o (la mayor parte del tiempo) en papel higiénico. Allí estaba, en el suelo, cuando leí sobre lo que en el budismo Mahayana se conoce como un *bodhisattva*: básicamente una persona iluminada dedicada a aliviar el sufrimiento de todos los seres.

Dejé el libro a un lado, me eché de espaldas y contemplé el techo. ¿Dónde estaba *mi* bodhisattva? ¿Dónde estaba la persona que me ayudaría a aliviar mi sufrimiento? Reflexioné sobre ello un rato, ya que la mayor parte de mi vida había estado esperando que alguien llegara como por arte de magia y me hiciera sentir mejor, o que de algún modo me hiciera sentir valiosa, digna de aprecio y bien. Y aunque toda mi vida hubiera estado esperando que otras personas me hicieran sentir así, sin llevarme más que desengaños, ahora lo estaba volviendo a hacer. Me incorporé de golpe.

Tal vez no necesitara encontrar a un ser iluminado, sino más bien aprender qué era lo que le daba esta cualidad. Si llegaba a entender cómo actuaba un bodhisattva, quizás adquiriría alguna de sus cualidades en mi vida para dejar de sufrir. Así que leí el libro. Y luego leí algunos más. Y al cabo de poco me formé una imagen en mi mente, una especie de mapa mental de lo que un bodhisattva encarnaba. Anoté palabras, acciones…, todo aquello que asociaba con un bodhisattva.

Hay muchas definiciones de un bodhisattva que son más detalladas que la mía, pero lo que concluí fue que un bodhisattva lo ve todo con claridad, habla con sinceridad, entiende el dolor y el sufrimiento, es compasivo, considera a todo el mundo como su igual, y lo que es más importante aún, quiere ayudar a los demás. Es una forma de ser que aspira a eliminar el sufrimiento, y descubrí que el mindfulness y la recta palabra eran las prácticas principales que usaba para alcanzar esta meta.

✿ Mindfulness

Mindfulness significa prestar atención a lo que estamos haciendo mientras lo hacemos, sin juzgar. En el budismo existe lo que se conoce como el lenguaje mindful, que consiste en fijarnos en nuestras palabras. Significa que somos conscientes de lo que estamos diciendo mientras lo decimos. Es una práctica de observar y no de evaluar. Se trata de fijarnos en el propósito, siendo conscientes a cada momento. Empezarás a aplicar el mindfulness cuando llegues a los cinco pasos del libro para cambiar tu modo de comunicarte.

Aunque diversos maestros y escuelas budistas traduzcan los cuatro elementos de la recta palabra de formas un tanto distintas, todos coinciden en que la recta palabra es básica para comunicarnos de manera afectuosa, compasiva y auténtica. Yo enseño los elementos de la recta palabra de este modo:

- Di la verdad

- No exageres

- No chismorrees

- Usa un lenguaje provechoso

Enseguida te explicaré con más detalle estos elementos.

Otra herramienta que usarás son tres preguntas a modo de prueba de fuego para averiguar si tus palabras siguen o no los principios de la recta palabra. Cuando dudes sobre cualquier cosa que vayas a decir, si puedes responder afirmativamente a las siguientes preguntas lo más probable es que tus palabras sigan los principios de la recta palabra:

- ¿Es verdad lo que voy a decir?

- ¿Es afectuoso lo que voy a decir?

- ¿Es provechoso lo que voy a decir?

A lo largo del libro irán apareciendo una y otra vez los cuatro principios y las tres preguntas que acabo de enunciar, ya que actúan a modo de filtros de lo que dices y escuchas. Si los aplicas en tus interacciones cotidianas, aparte de aprender a hablar y a escuchar de una forma que le ayude a todo el mundo a sufrir menos, incluyéndote a ti, también te servirá para asegurarte de que te comunicas con claridad.

Di la verdad

Si te preguntara si estás leyendo en este momento un libro, responderías que sí. Si te preguntara de qué color es la blusa que llevas, seguramente me dirías lo que yo vería exactamente con mis propios ojos. Estas verdades son fáciles de expresar. Pero hay otras que cuestan más, como cuando una amiga te pregunta si te gusta su pareja y tú le respondes que sí cuando en realidad querías decir que no. O como cuando tu jefe te pide si quieres ocuparte de otro proyecto y a ti no te apetece pero lo haces de todos modos. ¿Cómo puedes expresar estas verdades?

Afrontémoslo. Muchas veces no decimos la verdad. Es decir, mentimos. En algunas ocasiones lo hacemos para no ofender a alguien o por necesidad, crueldad, exigencia o incluso por agresividad. Y en otras por temor a lo que pensarán de nosotros si somos sinceros, a no salirnos con la nuestra o a perder lo que tenemos, tanto si se trata de bienes materiales o de una imagen que hemos creado. Si observas la mayoría de tus mentiras, descubrirás que vienen del deseo y del miedo.

Tal vez te digas que no es más que una mentira sin importancia. Además, tememos revelar lo que realmente sentimos porque no sabemos cómo reaccionarán los demás. Por otro lado, quizás hayas intentado ser sincero en muchas ocasiones, pero como no te han entendido, has decidido decirles lo que quieren oír en lugar de la verdad. Pero al ocultar cómo te sientes realmente, no estás siendo sincero contigo mismo. Si lo ocultas una vez, y luego otra y otra, las cosas se irán complicando y acabarás sintiéndote insatisfecho y resentido en la vida.

Sé que a veces cuesta decir la verdad, sobre todo cuando no quieres hacer daño a alguien. Lo cual plantea la pregunta de si hay una forma de ser sinceros y al mismo tiempo de ser conscientes de cómo serán interpretadas nuestras palabras. ¿Las mentiras piadosas son aceptables si las decimos para evitar un mal mayor? Esta clase de preguntas no son fáciles de responder y según mi experiencia son muy pocas las personas capaces de no mentir. Pero si adviertes cuándo y en qué ocasiones mientes y, sobre todo, por qué lo haces, habrás dado el primer paso para eliminar las mentiras de tu vida o al menos para reducirlas al máximo cuando te comuniques con los demás.

Yo tengo la costumbre de mentir sobre mis deseos y necesidades, en especial en mis relaciones de pareja. Me gusta fingir que todo va bien cuando no es así. ¿Por qué? Porque quiero evitar los conflictos, dejarme llevar por el momento. Pero cuando lo hago no estoy respetando mi propia verdad. Sigo en el mismo estado carencial. Sufro y por tanto hago sufrir a mi pareja. Lo ilustraré con un breve ejemplo.

Finjo que no me importa que mi pareja salga con sus amigos en lugar de acompañarme a una cena familiar. (Estoy mintiendo.)

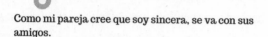

Como mi pareja cree que soy sincera, se va con sus amigos.

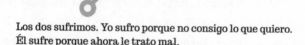

Como estoy enojada porque se ha ido con los amigos, cuando vuelve a casa me muestro pasivo-agresiva, diciéndole que no me pasa nada. De verdad. Que estoy bien. (Vuelvo a mentir.)

Los dos sufrimos. Yo sufro porque no consigo lo que quiero. Él sufre porque ahora le trato mal.

Hablaré más de este gráfico en el apartado sobre el lenguaje del silencio y la conducta pasivo-agresiva. Pero por ahora considéralo simplemente un pequeño ejemplo de no decir la verdad.

Cuando dices lo que sientes, te estás transmitiendo a ti mismo que crees en tu verdad, que eres capaz de ocuparte de tus propias necesidades; al fin y al cabo solo tú puedes satisfacerlas. Al expresarlas con claridad, aceptas la realidad de cómo te sientes y eliges aliviar tu sufrimiento. Si decides ignorar u ocultar la verdad, acabarás actuando inevitablemente de un modo que hará que tus interacciones creen sufrimiento. Cuando más sinceros debemos ser es en los momentos en que más nos cuesta serlo: para relajar la tensión en el ambiente, desahogarnos, aceptarnos a nosotros mismos y a los demás, y liberarnos del resentimiento y la vergüenza.

Dependiendo de la situación, puede resultarnos muy incómodo ser sinceros, por eso aprender a decir la verdad con eficacia te ayudará a sentirte más cómodo. Si no vas con tiento al decir lo que piensas, tu interlocutor puede sentirse dolido, atacado, criticado o juzgado. Y eso va en detrimento de la buena comunicación. Pero si te concentras en tus propias necesidades y no en las acciones que las provocan, podrás escucharte mejor. Si observas la situación sin juzgar, la otra persona se sentirá lo bastante segura como para responder en lugar de ponerse a la defensiva, cerrarse en banda, o incluso salir corriendo. A lo largo de este libro describiré la manera de manejar con tacto esta clase de situaciones.

No exageres

Las otras tres reglas surgen de la primera.

Antes de aprender la segunda regla —no exageres—, tenía problemas en muchos aspectos de mi vida. Me tomaba una crítica como si yo fuera la peor persona del mundo. O al oír una observación positiva se me subía a la cabeza y creía que era mejor que mis compañeros de trabajo o que sabía más que ellos. Cuando quería parecer importante, hablaba de lo ocupada que estaba y de que no podía ir a cenar porque andaba corta de tiempo. Y cuando estaba en plan catastrófico, me dejaba caer en el sofá rodeada de un montón de comida china, regodeándome en mis diálogos interiores negativos e imaginándome lo peor en cualquier aspecto de mi vida.

El segundo elemento de la recta palabra está relacionado con el primero, ya que si exageras, no estás diciendo la verdad o viendo la situación como es, te estás engañando a ti mismo y mintiendo a los demás. Cuando te dejas llevar por la costumbre de exagerar, a veces piensas que eres un santo y otras una persona horrible, siempre te estás considerando por encima o por debajo de los demás.

Esta segunda regla de la recta palabra también está relacionada con otro principio budista: el de la ecuanimidad. La ecuanimidad, o el arte de mantener un equilibrio interior, es una de las cuatro virtudes principales que el Buda animó a cultivar a sus discípulos. Estas virtudes se conocen como las cuatro inmensurabilidades. Las otras tres son la metta (bondad amorosa), la compasión, y la alegría empática. Siempre que exageramos dejamos de mantener un equilibrio.

Hay algunos ejemplos de exageraciones que son muy evidentes, como cuando exageramos para parecer más «importantes» (en el budismo se considera que nadie es más importante que otra persona), o más ricos de lo que somos. Pero hay otras exageraciones más sutiles que no son tan obvias porque no las vemos como tales. Echa un vistazo a las siguientes afirmaciones.

- «Es el peor día de mi vida.»

- «Siempre me haces lo mismo.»

- «No se acaba nunca.»

- «Nunca me iré de aquí.»

- «No me puedo creer que vayas a hacer/decir eso.»

- «Este lugar tiene el peor servicio del mundo.»

- «Siempre llega tarde.»

- «He desperdiciado mi tiempo inútilmente.»

- «Alguien como él/ella nunca se interesaría por mí.»

Como lo más probable es que estas afirmaciones sean exageraciones en la mayoría de los casos, no te ayudan a adquirir unos buenos hábitos de comunicación contigo mismo ni con los demás. Considera por ejemplo la última: «Alguien como él/ella nunca se interesaría por mí». Cuando dices este tipo de cosas, aparte de exagerar, estás concluyendo que «no estás a la altura» de la otra persona. Las exageraciones, sobre todo las negativas, acarrean una energía de sufrimiento que contamina tu experiencia del momento. (Hablaré de ello con más detalle en el capítulo «Escúchate».)

Al conversar con una sensación de ecuanimidad e igualdad en lugar de exagerar, evitas muchos de los riesgos de una mala comunicación. En lugar de hacer afirmaciones genéricas subvalorándote o provocando una reacción a la defensiva o antagónica en tu interlocutor (en la mayoría de los casos tampoco es cierta), tenderás a crear un ambiente que fomente los sentimientos positivos y una auténtica comunicación.

Aunque estés comunicándote con alguien que probablemente no vaya a tener una actitud ecuánime y equitativa, si eres consciente de tus palabras y acciones dispondrás de las herramientas para crear una experiencia de comunicación positiva. Las siguientes sugerencias te ayudarán a no exagerar en tus conversaciones:

- Presta atención a las palabras que enfaticen demasiado lo negativo o lo positivo de una situación.

- Presta atención a tus reacciones. ¿Son exageradas? ¿Te estás imaginando lo peor? ¿Te estás imaginando lo mejor? ¿Te estás viendo como una víctima? ¿Cómo el ganador? ¿Eso solo te ocurre a ti? Yo. Yo. Yo. Yo.

- Observa si te estás sintiendo «mejor que» o «peor que» quienquiera que sea, y recuerda que en realidad eso es imposible.

El budismo nos enseña que en la vida todos queremos lo mismo: ser comprendidos, sentirnos bien, ser felices. He descubierto que esto describe a la perfección lo que todos buscamos al comunicarnos: ser comprendidos y sentirnos bien para ser felices.

Todos sabemos de primera mano cómo es sentirse herido o feliz, sentirse atacado o apoyado, sentirse invisible o reconocido, sentirse frustrado o satisfecho. Cuando eres capaz de identificarte con los sentimientos ajenos, tus conversaciones tienden más a ser un diálogo en el que deseas ayudar a los demás. Ser un buen comunicador implica describir las situaciones y los sentimientos que te producen con la máxima exactitud posible, y sin exagerar, lo que es del todo esencial. Acostumbrarte a ser ecuánime en lugar de exagerar es un buen primer paso para ser un gran comunicador.

No chismorrear

«No chismorrees», la tercera regla de la recta palabra, es lo opuesto a lo que la mayoría vemos en la vida cotidiana. La información que difunden de otras personas, desde las páginas web de los famosos y los programas de televisión, hasta las revistas de la prensa rosa que nos llaman la atención al pasar por delante de un quiosco, se ha vuelto de lo más normal en la vida de muchos y sin duda se trata de una industria multimillonaria. Como siempre están pasando tantas cosas en el mundo, es fácil que acabemos pensando que es aceptable chismorrear.

Los chismorreos sobre los famosos son fáciles de reconocer, pero los que se dan en nuestra vida personal pueden adoptar formas muy distintas, como repetir lo que otra persona nos confió en secreto, compartir una suposición sobre la vida de otro, o contarle a alguien un problema que has tenido con otra persona en lugar de intentar resolverlo directamente. Los chismes son tan corrientes, desde los pequeños comentarios sobre el rendimiento de un compañero de trabajo, hasta quejarte delante de tus amigos de tu pareja o compartir historias que te pidieron que no contaras, que no los vemos como tales.

Algunas personas chismorrean para establecer lazos de amistad con los demás, por eso sigue habiendo la idea de que chismorrear es bueno. Como podemos acostumbrarnos fácilmente a hacerlo, porque «estar al día» nos hace sentir importantes, en el futuro nos costará no revelar una información que nos han confiado. Esta necesidad de airearlo todo en cuanto llega a nuestros oídos significa que apenas consideramos si lo que vamos a decir es afectuoso, cierto y provechoso. Lo ilustraré con el siguiente ejemplo:

> Genoveva te llama para contarte que tiene problemas con su marido. Te dice que empezarán a hacer terapia de pareja.

> En cuanto cuelgas el teléfono, llamas a Susana para contarle lo que Genoveva acaba de decirte.

> Susana llama a Teresa para explicarle que Genoveva tiene problemas con su marido. Especulan sobre que quizás él tenga una aventura, porque ninguna de las dos los han visto juntos desde hace un tiempo.

> En una fiesta del vecindario aparecen Genoveva y su marido. Susana y Teresa se quedan en una esquina susurrando y mirándolos. Ninguna de las dos se imagina seguir con su marido si él les fuera infiel. ¿Cómo es posible que Genoveva se lo consienta?

Los chismorreos, como las exageraciones, crean la sensación de ser «mejor» o «peor» que la persona sobre la que cotilleas (normalmente es lo primero). Yo creo que la mayoría de chismes vienen de la envidia; en un momento del pasado envidiamos a la persona sobre la que ahora chismorreamos. Esto salta a la vista en los chismorreos sobre los famosos. Al descubrir que ellos también tienen problemas y defectos, nos alegramos de que no sean tan «especiales» después de todo.

Ver que el chismorreo surge de la envidia nos permite intentar reemplazarlo por una o dos de las cuatro inmensurabilidades que he mencionado antes en este capítulo: la alegría empática y la compasión.

La alegría empática es la práctica de celebrar los logros, los éxitos o las buenas noticias relacionadas con los demás. Esta práctica es fácil de llevar a cabo cuando los afortunados son tus propios hijos o los miembros de tu familia. Pero cuesta más alegrarte por alguien que ha recibido lo que tú querías. Por ejemplo, si a un compañero de trabajo le conceden el proyecto o el ascenso que tú deseabas, observa si te entran ganas de chismorrear o de quitarle importancia a lo que ha logrado. Si es así, procura alegrarte de su éxito. Como te imaginarás, no resulta fácil, pero te aseguro que alegrarte por ello en lugar de chismorrear te será muy beneficioso. Intenta hacerlo a ver qué ocurre.

En lugar de chismorrear cuando alguien está sufriendo, el budismo te invita a ser compasivo con esa persona. En cuanto a la comunicación, significa reemplazar las palabras de burla o de alegría por su mala racha, por otras que expresen compasión por ella. Dependiendo de la situación y de los sentimientos que te produzca, la mejor forma de ser compasivo es, por ejemplo, guardar silencio cuando se presenta la oportunidad de chismorrear. Incluso imponerse no decir nada es un gran progreso en lo que respecta al chismorreo y te permite alinearte más con tu deseo de comunicarte como un bodhisattva.

Por último, a veces justificamos el chismorreo diciéndonos en nuestro interior que lo hacemos con buena intención. Por ejemplo, tal vez le cuentas a un miembro de tu familia algo de otro con la excusa de estar «preocupado» cuando en el fondo tu verdadera intención no es tan positiva. Si lo que le cuentas se basa en los juicios de valor y en el beneficio personal en lugar de estar intentando ser útil, la práctica de «no chismorrees» te pide que optes por no decir nada.

Pero tal vez te digas que hablar de otras personas sin que estén presentes es inevitable. Si tu hermana quiere saber cómo estaba vuestra tía abuela Margarita cuando fuiste a verla el último fin de semana, desearás compartir cómo fue la visita. Si tu jefa te pregunta cómo le va en vuestro equipo al nuevo empleado, esperará que le ofrezcas tus impresiones. ¿En qué se diferencia el chismorreo de compartir simplemente una información? La forma más segura de saberlo es preguntándote: ¿Y *si la persona de la que estoy hablando me oyera?* ¿Cómo se sentiría? Pregúntate también qué energía estás creando en tu interior y en los demás cuando hablas de alguien. La clave está en no decir nunca algo de alguien que no dirías si esa persona pudiera oírte.

Para romper el ciclo del chismorreo tienes que ser muy disciplinado, sobre todo si has adquirido la costumbre de relacionarte con los amigos, los compañeros de trabajo y los miembros de tu familia de este modo. Hacerte las preguntas que aparecen a continuación te ayudará a detener esta rueda.

Antes de compartir una información con alguien, pregúntate:

- ¿Es correcto compartir esta información?

- Si la comparto, ¿a quién estaré ayudando?

- ¿Por qué quiero compartirla?

- Si la persona aludida se enterara de que la comparto, ¿cómo se sentiría?

- Si un niño oyera por casualidad la conversación, ¿qué aprendería?

- ¿Ofenderé a alguien con lo que estoy a punto de decir?

Aunque te cueste no participar en un chismorreo cuando estás empezando a ver hasta qué punto es habitual chismorrear en la vida cotidiana, la buena noticia es que en la mayoría de ocasiones puedes cambiar de conversación. Lo conseguirás no participando en el chismorreo cuando surja, cambiando de tema o, en algunos casos, diciendo: «Hablemos de otra cosa». De este modo estarás practicando la tercera regla de la recta palabra. Antes de decir algo cuando te preguntas: ¿Lo que estoy a punto de decir es cierto, afectuoso y provechoso?, no tardas en comprender que solo chismorreamos para conservar una sensación ilusoria de superioridad y que no tiene ningún sentido hacerlo.

Usa un lenguaje provechoso

La mejor forma de explicar y practicar «usa un lenguaje provechoso», la última regla de la recta palabra, es identificando y evitando su opuesto, el lenguaje poco útil.

Un lenguaje poco útil es cualquier mensaje que impida o obstaculice a dos personas que conversan entender el punto de vista del otro. Por ejemplo, si reflexionas en conversaciones del pasado que podrían describirse como censuradoras, polémicas o incluso acaloradas, lo más probable es que descubras que las palabras pronunciadas en esos casos fueron poco útiles.

Si inicias una conversación criticando a alguien por haber cometido un error, o culpándolo por cómo te sientes, estarás empezando con mal pie. Probablemente la situación no mejore para ti hasta que aprendas a regular tu lenguaje. Del mismo modo, si levantas la voz o usas un tono amenazador, es evidente que el resto de la conversación no será demasiado productiva.

Por desgracia, no siempre se puede prever que una conversación acabe subiendo de tono o no; a veces tenemos muy poco tiempo para entender lo que estamos sintiendo y necesitando, y lo que la otra persona está sintiendo y necesitando a su vez. Por lo que respondemos agresivamente o poniéndonos a la defensiva, o nos vamos al otro extremo, enfurruñándonos, quedándonos callados o negándonos a cooperar.

El lenguaje provechoso es cuando tu interlocutor no se siente atacado ni criticado con tu forma de expresarte. Poco conseguirás si tus palabras le hacen ponerse a la defensiva, o provocan que quiera demostrarte que lleva razón o desear que se lo trague la tierra. Te lo ilustraré con el siguiente ejemplo:

Tu amiga llega tarde al restaurante en el que habíais quedado. Estás furiosa. En cuanto entra, le espetas: «Siempre llegas tarde. ¿Qué pasa contigo?»

Tu amiga podría reaccionar replicándote que eres una exagerada, justificándose o negando haber sido impuntual, o cerrándose en banda agobiada.

o

Cuando llega tarde, le dices: «Cuando no eres puntual me siento fatal».

Al haber reflexionado sobre la manera en que te expresarás, tu amiga no se siente atacada ni acusada por nada.

Es importante mencionar que usar palabras provechosas no solo tiene que ver con las conversaciones que mantienes, sino también con tus diálogos internos. He descubierto que el modo en el que nos hablamos en nuestra mente establece la base de cómo les hablaremos a los demás. Si siempre te estás fustigando por no estar a la altura de tus expectativas, o juzgándote por lo que consideras un desacierto o un error, tenderás a creer que los demás también te juzgan y hablan de ti con la misma dureza. Acabarás creyendo en las palabras que te dices una y otra vez y, al alimentarte a base de una dieta de diálogos internos negativos, crearás un entorno de sufrimiento.

En la siguiente lista aparecen las frases que nos repetimos mentalmente sobre nosotros mismos, que por cierto no son demasiado útiles. Como por ejemplo:

- «¡Qué estupidez! No me puedo creer que haya hecho algo parecido.»

- «Siempre lo echo todo a perder.»

- «¡Qué desastre! Esto tiene muy mala pinta.»

- «Es típico de mí decir que haré algo y no cumplirlo.»

- «Nunca seré capaz de conseguirlo.»

Aunque algunas de estas afirmaciones no parezcan perjudiciales, si las observas con más detenimiento verás que en ciertos casos lo que nos decimos en nuestra mente es muy cruel. En estos ejemplos nos estamos diciendo de manera sutil o manifiesta que no valemos lo suficiente. Y cada vez que nos desvalorizamos, reforzamos la creencia de ser poco valiosos o de no ser dignos de estima. En política se suele decir: «Tu situación depende de tu actitud». Si te apoyas en las dudas y las autocríticas, eso será lo que crearás.

Otra forma de ver el lenguaje provechoso es considerar la *metta* o bondad amorosa, una de las cuatro inmensurabilidades que no he citado. Si bien el amor, la primera parte de la *metta,* es el que más atención recibe en nuestra sociedad, me gustaría centrarme en la bondad, la segunda parte.

Por ejemplo, cuando alguien se muestra seco, desabrido o brusco contigo, ¿cómo sueles responderle? Muchas personas tienden a responder con la misma moneda en lugar de con afecto, pero esta reacción no se puede describir como útil. Decidir responder con bondad en lugar de reaccionar visceralmente es provechoso. A menudo puede consistir simplemente en pasar por alto la observación de otro, en no dejar que nuestro ego entre en el juego, mostrándole con nuestra reacción la intención de ser afectuosos.

También podemos ser afectuosos con nosotros mismos, en especial cuando «nos equivocamos» y tenemos por costumbre decirnos interiormente una sarta de reproches negativos. Puedes empezar usando un lenguaje más útil al fijarte en las palabras que te dices y en las historias que te cuentas una y otra vez. Hablaré con más detalle de ello en el siguiente capítulo, «Escúchate». Si empiezas a hablarte de manera afectuosa, sincera y útil, sin juzgarte, serás más dado a crear unas interacciones con los demás que reflejen las reglas de la recta palabra.

Escribe en tu diario los cuatro elementos de la recta palabra dejando un espacio debajo de cada uno:

- Di la verdad.
- No exageres.
- No chismorrees.
- Usa un lenguaje provechoso.

Piensa ahora un poco en la última vez que no dijiste la verdad, exageraste, chismorreaste y no usaste un lenguaje útil. No pretendo ponerte en evidencia ni señalarte con un dedo acusador, sino hacer que prestes atención a tus acciones para que seas consciente de tu forma de comunicarte. El primer paso para cambiarla es darte cuenta de cuándo, cómo y por qué actúas así. Empieza a ver esos momentos como oportunidades para cambiar.

Recuerda

Las reglas de la recta palabra te permiten entender las bases de cómo se comunican los budistas. Emplean palabras veraces, equilibradas, necesarias y afectuosas. Escuchan atentamente a los demás y se escuchan a sí mismos. Y, además, saben que solo son responsables de lo que dicen (y no de lo que los demás oyen), al mismo tiempo que procuran elegir al máximo sus palabras con acierto para que el que las recibe las pueda oír y entender mejor. No hablan negativamente de los demás. Hablan con el corazón. Y en cuanto las palabras han salido de su boca, no se apegan a ellas.

Las reglas de la recta palabra son sencillas y fáciles de recordar. Pero esto no significa que sean sencillas y fáciles de aplicar. A estas alturas te estarás preguntando cómo funcionan. Tal vez te digas: *En teoría parecen estupendas, pero ¿cómo puedo llevarlas a la práctica en mi vida cotidiana? ¿En las discusiones acaloradas? ¿Cómo puedo asegurarme de ser sincero, de no hacer una montaña de un grano de arena, de cambiar de proceder y optar por un lenguaje útil?* El esquema que aparece a continuación te muestra los cinco pasos. En las páginas siguientes hablaré con más detalle de ellos.

Para decir la verdad
Para no exagerar
Para no chismorrear
Para usar un lenguaje provechoso

NECESITAS

Paso 1: escucharte
Paso 2: escuchar a los demás
Paso 3: ser consciente, conciso y claro al hablar
Paso 4: usar el lenguaje del silencio
Paso 5: meditar

La escucha mindful

El mindfulness significa prestar atención en cada momento a lo que estás haciendo mientras lo haces, sin juzgar. En este contexto, la escucha mindful significa fijarte en lo que los demás te dicen y en lo que te dices a ti mismo. La práctica de cinco pasos empieza con la escucha mindful, porque para cambiar tu modo de comunicarte lo primero que debes hacer es escuchar tu forma de hablar e identificar lo que debes cambiar en ella. En cuanto te despojes de tu antiguo atuendo verbal, escucharás a los demás de manera afectuosa, sincera y provechosa.

PRIMER PASO

Escúchate

Si no te comunicas bien contigo mismo,
no te comunicarás bien con los demás.

THICH NHAT HANH

Aplicar las reglas de la recta palabra se te hará muy cuesta arriba si no empiezas a escuchar las palabras que usas cuando te hablas a ti mismo y te comunicas con los demás. Si deseas ser sincero, evitar exagerar y chismorrear, y usar un lenguaje provechoso, empieza detectando tus palabras y las emociones que hay detrás de ellas. Aunque la comunicación sea cosa de dos o de más personas, empieza por ti. Si bien no puedes controlar lo que sale de la boca de los demás, puedes fijarte en lo que sale de la tuya y de qué manera las palabras que eliges afectan a todos los implicados. Al terminar de leer el capítulo verás que tu modo de comunicarte con la gente depende de cómo te hables a ti mismo, y que hablarte con afecto y sin juzgarte te permite expresarte de la misma forma con los demás.

Tu diálogo interior

Antes de aprender a comunicarme bien con los demás, no solo me dediqué a fijarme en las palabras que usaba, sino que también me di cuenta de lo cruel y enjuiciadora que era conmigo misma. Mi madre me decía que yo era mi crítica más despiadada y no fue hasta años más tarde que descubrí que tenía toda la razón. Por ejemplo, si alguien me hacía un cumplido, mi primera reacción era quitarle importancia y además me excusaba por aquello en lo que me había lucido. Advertir esta clase de hábitos era importante porque vi que mi modo de hablarme influía en cómo interactuaba y me comunicaba con los demás. Al infravalorarme una y otra vez, socavaba mi autoestima y la confianza en mí misma. Por eso muchas de mis conversaciones consistían en enmascarar mi inseguridad fingiendo saber más de lo que sabía, criticando a la gente y cotilleando cuando me sentía amenazada por alguien, y luego me montaba una historia en la cabeza en la que me veía como una víctima y la compartía con mis amigos y en especial conmigo misma.

La comunicación mindful empieza por aprender a hablarte bien en tu mente. ¿Por qué? Porque tu situación depende de tu actitud, y tus palabras la reflejarán. Si no puedes hablarte de manera afectuosa, sincera y provechosa, te resultará muy difícil interactuar con los demás del mismo modo.

Para comunicarte mejor tienes que poner en práctica estos tres pasos:

1. Presta atención a tus palabras y lenguaje.

2. Presta atención a tus sentimientos.

3. Obsérvate con afecto.

Al escuchar cómo te hablas en tu mente descubrirás cómo te comunicas contigo mismo. Reconocerás ciertas palabras que te impiden verte con claridad y aprenderás a cambiarlas. Después abandonarás las viejas historias que te cuentas sobre que no eres inteligente, competente o divertido y otras por el estilo al prestar atención a los sentimientos que te crean. Y, por último, te contemplarás con afecto para observar simplemente la situación en lugar de criticarte con acritud. La combinación de estos tres pasos te ayudará a hablarte de manera sincera, afectuosa y provechosa.

Cómo escucharte

 Presta atención a tus palabras y lenguaje.

 Presta atención a tus sentimientos.

 Obsérvate con afecto.

Presta atención a tus palabras y lenguaje

Antes de aprender a observar atentamente mi diálogo interior y mi forma de comunicarme con los demás, me pasaba el día pensando más bien en lo que haría, en lo que conseguiría o en la meta que alcanzaría. Cuando no vivía deseando lograr algo, me distraía mirando la televisión o navegando por Internet, y me comparaba con la gente basándome en su aspecto o en sus logros. No me daba cuenta de que al no ser consciente de mis palabras, estaba alimentando unos hábitos de comunicación perjudiciales que fomentaban el sufrimiento.

En cuanto empecé a fijarme en mi diálogo interior y en cómo me comunicaba con los demás, descubrí los siguientes arquetipos en mi forma de hacerlo. Quizá te identifiques con algunos. Te los ofrezco para mostrarte cómo estas pequeñas formas de hablarte establecen la base de las historias más extensas que te cuentas sobre ti.

La quejica

Mi marido Bryan y yo teníamos previsto ir a Nueva York aquel fin de semana y me había hecho una idea de dónde nos alojaríamos, cómo sería el hotel y del ambiente que reinaría en él. Cuando llegamos, la habitación del hotel me encantó: las baldosas del baño, la maravillosa vista de las calles que ofrecía desde la duodécima planta, las sábanas impolutas y la mesilla en la que nos servían el desayuno equipada con dos sillas de mimbre para relajarnos. Y pese a sentirme envuelta en una nube de felicidad por el delicioso aroma del champú y el acondicionador, afloró de pronto un viejo hábito mío. *Es maravilloso, pero el baño podía haber sido un poco más espacioso. Me encanta la ropa de cama, pero las almohadas podían haber sido más mullidas.*

Yo lo llamo el «hábito de los pero»: *Todo es maravilloso, pero... La comida está deliciosa, pero... Nos lo pasamos estupendamente, pero...* Reparé en que usaba esta palabrita para sabotear una experiencia que de lo contrario habría sido buena. Me di cuenta de que cuando usaba la palabra «pero» cambiaba mis sentimientos sobre el viaje, y de que cuando la decía en voz alta también le afectaba a Bryan. Pero ¿cuál era la verdad de la situación? ¿Estaba haciendo una montaña de un grano de arena? ¿Estaba exagerando los problemas?

🌸 Cultiva la comunicación

A lo largo del día fíjate en si el «hábito de los pero» hace acto de presencia. Si es así, considera en primer lugar si esos «pero» son necesarios. Plantéate luego reemplazarlos por unos «y». Uno de mis clientes tomó clases de improvisación y lo primero que aprendió para que una escena fuera fluida fue a decir la frase: «Sí, y...» Un actor podía por ejemplo decir en la clase de improvisación: «Voy a coger el próximo vuelo a Florida». Y su compañero de escena en lugar de responderle: «No, en realidad vamos a Argentina», le diría: «Sí, y cuando lleguemos la tía Jane nos estará esperando en el aeropuerto». Esta frase es aditiva en lugar de sustractiva. Te da la oportunidad de crear más cosas. Aunque mi cliente aprendiera esta técnica en las clases de improvisación, he descubierto que también es una gran herramienta para la comunicación. Intenta reemplazar los «pero» por los «y». En lugar de decir: «La comida me gustó, pero el restaurante era muy ruidoso», di algo como: «La comida me gustó y el restaurante era ruidoso».

La que se disculpa por todo

Hubo una época de mi vida en la que «lo siento» era mi frase más habitual. Al toparme sin querer con alguien en el supermercado, exclamaba: «¡Lo siento!» Cuando una amiga me pedía una tirita y yo no tenía una, le respondía: «Lo siento, no llevo ninguna». Si alguien me llamaba por teléfono y no me encontraba bien, le decía: «Lo siento, ahora no puedo hablar». Era como si durante todo el día me estuviera disculpando por alguna razón. En un momento dado, me senté en el sofá y me puse a pensar que cuando vivía en Madrid había una gran diferencia entre «lo siento», «con permiso» o «perdón» y «disculpe». «Lo siento» solo lo usabas cuando hacías sufrir a alguien. Si necesitabas adelantar a una persona, le decías «con permiso» o «perdón». Y si necesitabas darle unos golpecitos en el hombro por alguna razón, exclamabas: «¡Disculpe!» Mientras reflexionaba con más detenimiento sobre cuándo debía decir «lo siento», vi que en mi caso era más bien un acto reflejo que un verdadero sentimiento de pesar o de arrepentimiento. Estaba usando «lo siento» en situaciones en las que debería haber dicho «disculpa» o «perdón». Al usarlo incorrectamente, me sentía mal sin motivo alguno.

* *

❋ Cultiva la comunicación

* *

¿Te disculpas demasiado? Piensa en la frase «lo siento» y recuerda cualquier situación en la que hayas sentido mucho algo. «Siento haberle gritado a mi hija al perder la paciencia». «Siento haberle dicho algo cruel a mi pareja sin pensarlo.» Reconoce la carga emocional y de dolor de esta expresión. Piensa después en la expresión «disculpe» y en situaciones en las que la usarías: en el supermercado, o al pasar por delante de las butacas ocupadas de un teatro o un cine. Fíjate en cómo esta expresión no contiene una carga emocional enjuiciadora ni de arrepentimiento, sino que más bien transmite una amistosa atmósfera de igualdad. ¿Cuántas veces exclamas «¡Lo siento!» en situaciones en las que deberías haber dicho «Disculpe»?

Sé consciente de cómo y cuándo dices «lo siento» a lo largo del día. En esas situaciones pregúntate si era necesario usar esta expresión o si habría sido mejor decir «disculpe». He descubierto que a veces cuando estoy a punto de decir «lo siento», es mejor exclamar «¡disculpe!» e incluso no decir nada.

La de los «debería»

Antes de empezar a trabajar sobre mi comunicación interior, siempre había un «debería» en mi vida. *Debería* estudiar más. No *debería* comer por la noche. *Debería* estar casada y tener hijos. *Debería* estar más establecida en mi profesión. Y así sucesivamente. El problema de la palabra «debería» es que es enjuiciadora. Implica que lo que hacía en ese momento no era suficiente. Pero al fin y al cabo era yo la que había decidido hacerlo.

Al observarlo con más detenimiento vi que estaba intentando vivir según las expectativas de otros, simulando que eran las mías. Les estaba dando el poder. De modo que aprendí a reemplazar mis «debería» por «podría», y mi comunicación interior empezó a cambiar: *podría* hacer el doctorado, y en su lugar estoy dándome un respiro. *Podría* estar más establecida en mi profesión, y en su lugar he decidido tomarme mi tiempo y asegurarme de disfrutar de mi trabajo. Además de reemplazar los «debería» por «podría», empecé a ver las razones de por qué no estaba haciendo ciertas cosas: podría estar viajando por el mundo, y he decidido en su lugar no hacerlo durante un año para ahorrar. Podría vivir más cerca de donde está mi familia, y he decidido en su lugar seguir mi sueño y vivir en Europa. Podría ganar dinero trabajando por cuenta ajena, y he decidido en su lugar montar mi propia empresa.

Lo que estos ejemplos implican es que siempre puedes decidir lo que harás y en qué pondrás tu atención. En lugar de juzgarte con acritud y amoldarte a la visión que tiene otro de la vida, ves con más claridad dónde estás invirtiendo la energía y aceptas que no estás haciendo algo porque estás haciendo (felizmente) otra cosa. Empiezas a verte con tus propios ojos en lugar de contemplarte con los de otra persona.

No es lo mío o No se me da bien

Antes a menudo afirmaba: «No es lo mío» o «No se me da bien». Lo decía cuando no creía en mí, cuando me sentía estúpida o cuando quería cambiar y ser más abierta y transparente, pero me daba miedo intentarlo. Decía: «No se me dan bien las matemáticas.» «No son lo mío.» Pero aprendí que *podía* destacar en matemáticas. Al decir: «No se me dan bien» o «No es lo mío», estaba limitando mi capacidad de cultivar otra parcela de mi vida si así lo deseaba.

Cuando reparo en estas frases, uso el mismo ejercicio que hago cuando me siento tentada a decir «debería» en lugar de «podría»: *podría* destacar en matemáticas, y he decidido en su lugar dedicar más tiempo a escribir. *Podría* solicitar un puesto de gerente, y he decidido en su lugar seguir como ahora estoy y disfrutar de más tiempo libre. *Podría* formar una familia, y veo que aún no ha llegado el momento de casarme.

Cuanto más asumas tus propias decisiones en lugar de achacarlas al «Así es» o «Así es como siempre ha sido», más te librarás de la falsa percepción de quién eres. Si yo hubiera decidido estudiar matemáticas en lugar de inglés, podría haber sido matemática en lugar de escritora. ¡Vaya! ¿Qué decisiones estás tomando que te impiden hacer otras cosas? Acepta tus decisiones en vez de maltratarte sutilmente por haberlas tomado.

❀ Cultiva la comunicación

Traza una línea dividiendo por la mitad una página de tu diario. En el lado izquierdo escribe cualquier historia de «debería» que haya en tu vida y también cualquier cosa que te hayas dicho que no se te da bien. En el lado derecho cambia cada historia de «debería» por «podría hacer esto y he decidido...». Cambiando los debería por los podría, observa que ya no estás usando tus palabras para fustigarte, y que estás viendo la situación tal como es.

Estoy

Cuando alguien nos pregunta «¿Cómo estás?», solemos responder con un «estoy»: «Estoy muy ocupado», «Estoy cansado», «Estoy hambriento». Si nos preguntan «¿Cómo te sientes?», respondemos, por ejemplo: «Estoy disgustado», «Estoy feliz». Todas estas respuestas tienen en común que están formadas por un *estoy*. Esta palabra implica un estado fijo, un tanto permanente. Cuando decimos: «Estoy enojado» o «Estoy triste», esta frase sugiere que sentimos ser esta emoción cuando en realidad solo la estamos sintiendo, nos está invadiendo por un tiempo. El verbo «estar» implica un absoluto que no siempre es necesario.

El lenguaje que usamos es muy poderoso. Por ejemplo, en castellano una persona podría decir *Tengo miedo* cuando está asustada. O *Tengo hambre*. Estos estados son temporales y pasajeros y el lenguaje usado comunica precisamente esto, aunque sea de forma sutil. Al no identificarte con tus emociones, tiendes a quedarte menos atrapado en ellas y las ves como algo en lo que puedes trabajar.

* *

✵ Cultiva la comunicación

* *

Fíjate en cómo usas «estoy» en tu vida cotidiana. Cuando te descubras diciendo «estoy frustrado/enojado/disgustado/feliz/entusiasmado/asustado», intenta cambiar tu modo de pensar. Intenta decir en su lugar: «En este momento tengo ira», «Tengo frustración», «Tengo tristeza». Expresar de otra manera cómo te sientes para separarlo de quien eres te ayudará a ver la emoción como algo en lo que trabajar en lugar de como algo en lo que sumergirte.

Siempre o nunca

Al igual que el hábito de decir «No es lo mío» o «No se me da bien», tal vez tengas la costumbre de empezar las frases con «siempre» o «nunca». Cuando uses estas palabras en un contexto negativo, sé consciente de cómo te criticas con brusquedad. Ambas palabras son rotundas. Implican que no hay vuelta atrás ni ninguna alternativa. Al usar «siempre» y «nunca» te estás diciendo que es imposible que la situación cambie.

Cuando haces esta clase de afirmaciones genéricas ves que no solo estás siendo poco sincero contigo mismo, sino que además estás exagerando la situación. Expresa de otro modo lo que estás diciendo para que sea más afectuoso, sincero, equilibrado y útil. De esta forma, en lugar de hacer afirmaciones genéricas sobre episodios del pasado, te concentrarás en la verdad del momento presente, viendo tus acciones y contemplándote con afecto. La recta palabra en acción consiste en esto. Veamos varios ejemplos.

- «Nunca llego puntual al trabajo», frente a «Puedo llegar puntual. Hoy no lo he hecho y no pasa nada. Mañana llegaré a tiempo.»

- «Siempre entrego los trabajos más tarde de la fecha prevista», frente a «Puedo entregar los trabajos en la fecha prevista. Hoy no lo he hecho y no pasa nada. La próxima vez lo haré.»

- «Nunca sé qué hacer», frente a «Sé qué hacer en la mayoría de los casos. En este momento no lo sé y no pasa nada. Reflexionaré más en ello, lo hablaré con alguien y luego tomaré una decisión.»

Al expresarlo de otra manera, reconoces la verdad de la situación, pero dejas de juzgarte negativamente. Ahora te das cuenta del problema, pero no dejas que te defina. Lo aceptas y te perdonas por tu error, sabiendo que no significa que vayas a repetirlo una y otra vez.

✿ Cultiva la comunicación

¿A veces usas «siempre» o «nunca»? ¿Con quién lo haces? ¿En qué contexto? ¿En qué frases lo haces? Escríbelas. ¿Cómo te hacen sentir? ¿Atrapado? ¿Encasillado? ¿Cómo puedes expresarlas de otro modo para no sentir que tu situación no tiene remedio?

Estos ejemplos de hábitos de comunicación tan corrientes ilustran la manera en que tu forma de hablarte puede crear o reforzar creencias y percepciones limitadoras. En el siguiente apartado analizaré cómo los diálogos internos negativos llevan a una narrativa interior negativa, a menudo sin que nos demos cuenta de lo perjudicial que es, y cómo reemplazar esta clase de diálogos internos negativos por un modo de expresarnos basado en la recta palabra puede transformar nuestra comunicación y nuestra vida.

Sé consciente de tus historias

Somos lo que pensamos.
Todo cuanto somos surge de nuestros pensamientos.
Con nuestros pensamientos creamos el mundo.
Si hablas o actúas con una mente impura,
los problemas te seguirán
como la rueda sigue al buey que tira del carro.

EL BUDA
(DE LA TRADUCCIÓN AL INGLÉS DE THOMAS BYROM)

Muchos psicólogos creen que nuestras creencias limitadoras se fundamentan en las historias que nos contamos. Creencias que nos impiden experimentar amor, alegría y risas; es decir, lo mejor de la vida. Cuanto más nos decimos que no acabaremos un proyecto a tiempo, que seguiremos solteros el resto de nuestra vida, viviendo con cuarenta gatos en casa, que nunca nos pasa nada bueno, o que siempre llegaremos tarde al trabajo, más nos lo creemos. Y cuanto más lo damos por cierto, más nos comunicamos y actuamos de acuerdo con esta idea. Cuanto más diálogos negativos mantenemos en nuestra cabeza, más sólidas se vuelven nuestras creencias. Al enseñar a la gente a ser consciente de cómo se comunica, he descubierto que la mayoría mantiene esta clase de diálogos internos negativos a lo largo del día. A menudo sin advertir el impacto que tienen en su modo de percibirse y de ver a los demás.

Ser consciente de cómo te hablas a ti mismo te permite reparar también en que algunos de esos pensamientos y narrativas tal vez no sean tuyos. Es decir, muchas cosas que te repites en tu mente son las historias o los pensamientos de otro. Cundo éramos pequeños, nuestros padres y las personas de nuestro entorno nos dijeron quiénes éramos y lo que era importante, por lo que muchas cosas que ahora pensamos de nosotros mismos y del mundo nos las inculcaron los demás. Yo lo estoy viendo todo el tiempo en los padres respecto a sus hijos: «Está siempre cansada». «No le gusta estar al aire libre.» «Es ansiosa por naturaleza.» «No le gusta el calor.» «No le gusta bailar.» Y dale que dale. Durante nuestros primeros años de vida podemos tomar fácilmente las historias que oímos de nosotros por hechos reales, cuando no son más que opiniones, y en muchos casos las interiorizamos hasta el punto de hacerlas nuestras.

En nuestra cabeza siempre hay alguna historia, y si es negativa nos impide arriesgarnos y progresar, diciéndonos lo mismo una y otra vez y esperando, sin embargo, un resultado distinto. Basándonos en los ejemplos del apartado anterior, es fácil imaginar una narrativa interior como esta:

De niña nunca sentí que encajara. Sacaba buenas notas, la mayoría eran sobresalientes y notables. Pero las matemáticas no se me daban bien, y en esta asignatura sacaba sobre todo aprobados y de vez en cuando un notable. Esta situación era inaceptable, porque mis padres son matemáticos, y constantemente sentía que me tenía que disculpar cuando ellos, sus compañeros de trabajo y mis profesores me preguntaban por qué no sacaba mejores notas en matemáticas. «No es lo mío», alegaba. «Las matemáticas no se

me dan bien.» Al alcanzar la madurez, evitaba cual-
quier trabajo que requiriera cualquier tipo de conoci-
mientos de cálculo o de contabilidad porque sabía
que no lo haría bien.

Si te contaras a ti mismo una historia como esta una y
otra vez acabarías deprimiéndote un poco. Cuando detec-
tas tus pequeños hábitos de quejarte, disculparte incesan-
temente, desear que tu vida fuera distinta, y todas las otras
innumerables formas en las que fomentas esta clase de
diálogos interiores negativos, descubres hasta qué punto
afectan tu modo de verte y de percibir a la gente. Por defi-
nición, una historia llena de diálogos internos negativos
no es cierta, bondadosa ni provechosa para ti ni para los
demás.

Imagínate cómo sería la misma historia vista desde la óptica de la recta palabra.

Tuve la suerte de nacer en una familia de grandes
matemáticos. De niña prefería el inglés a las mate-
máticas, y aunque podía haberme esforzado por ser
una matemática, descubrí que mi verdadera pasión
era la literatura y la escritura. Gracias a ello pude
compartir con mi familia un punto de vista sobre
estos temas que no habrían conocido de no ser así.
Al principio creía que querían que yo también estu-
diara matemáticas, pero cuando hablamos abierta-
mente del tema descubrí que deseaban que me
dedicara a lo que me hiciera feliz. Quiero a mis pa-
dres y me alegro mucho de que algunos miembros

de mi familia estén tan dotados para las matemáti-
cas, ¡sobre todo cuando tengo que hacerles una pre-
gunta relacionada con las buenas inversiones o con
los impuestos!

Aunque este ejemplo sea tan sencillo, describe el proceso de observar las situaciones desde la óptica de la recta palabra en lugar de hacerlo desde la de los hábitos poco sanos y los diálogos interiores negativos de la primera historia. Sea cual sea la naturaleza de tu historia personal, puedes aplicar el mismo proceso. Todos nos hemos enfrentado a retos, a dificultades e incluso a tragedias en la vida, pero he descubierto que lo que nos decimos en nuestra mente sobre esos episodios nos influye mucho más que los episodios en sí.

✵ Cultiva la comunicación

¿Cuáles son algunos de los temas de tus diálogos internos negativos y de las narrativas negativas más extensas que te has contado a lo largo de los años? Escríbelos en tu diario. En los siguientes ejemplos encontrarás algunos pensamientos negativos que puedas tener:

- Estoy gordo.
- Soy demasiado alto/bajo.
- Soy demasiado viejo para...
- Nunca conseguiré este trabajo.

- Mi nariz es demasiado grande/pequeña.
- No se me da bien...

Para muchos de mis clientes, las narrativas más extensas empiezan con las palabras «debería» o «no debería». Por ejemplo:

- No debería... haberme divorciado.
- No debería... haber dejado mis estudios universitarios.
- Debería... haber aceptado ese trabajo.
- Debería... haber escuchado a mis padres.
- No debería... haberme mentido.

No debería... haber roto conmigo. Hazte ahora estas preguntas en relación con las historias que te cuentas a ti mismo: ¿Es ese pensamiento o historia cierto? ¿Es una interpretación objetiva de los hechos o a veces exagero en los detalles? ¿Hay malos y víctimas o todo el mundo tiene sus virtudes y defectos? ¿Es mi historia bondadosa conmigo y con los demás que aparecen en ella? ¿Puedo verla de otro modo? ¿Qué aspectos positivos me ha ofrecido? ¿Hay una forma de ver el papel que todos han jugado con una mirada más bondadosa y afectuosa?

El budismo te ofrece la manera de liberarte de las historias que te hacen sufrir, y aunque este libro no se centre en ello, el secreto es empezar a verlas por lo que son: simples historias. En esta parte seguirás trabajando con ellas, así te comunicarás mejor contigo mismo al reconocer y abandonar las narrativas negativas que te cuentas. En el siguiente apartado analizaré la manera en que estas historias generan sentimientos, ya que observar los tuyos es el segundo paso para aprender a comunicarte mejor de manera positiva contigo mismo y con los demás.

Presta atención a tus sentimientos

A muchas personas les cuesta expresar sus sentimientos y mucho más aún percibirlos. Les han enseñado a valorar sus pensamientos y su forma práctica y lógica de ser, en lugar de tener en cuenta lo que sienten. A medida que nuestros pensamientos se hilvanan creando historias, las historias que nos contamos a nosotros mismos se convierten en creencias, y nos dejamos llevar hasta tal punto por ellas que pasamos por alto los sentimientos que encierran.

Afrontémoslo, la mayor parte del tiempo nuestra sociedad no ve con buenos ojos los sentimientos. Y como has descubierto en la última parte, tus pensamientos pueden estar influidos por las ideas de otros. Pero los sentimientos son distintos, los sientes en tu propia persona. Es decir, yo puedo tener los mismos pensamientos que el resto de los mortales, pero mis sentimientos nunca serán exactamente como los suyos. Tal vez sienta celos de una forma muy distinta a la de otra persona. O quizás exprese mi tristeza llorando mientras que otro lo haga acurrucándose hecho un ovillo. Tus sentimientos son únicos y personales, son los tuyos.

La cuestión es que prestamos más atención a lo que pensamos de nosotros mismos que a cómo nos sentimos. Para saber lo que te gusta, lo que te desagrada y lo que necesitas en una determinada situación, y además expresarlo correctamente, tienes que olvidarte de los episodios y las historias que has ido exagerando, y verlos objetivamente para recuperar la calma. Observa tus sentimientos y abandona cualquier diálogo y narrativa negativos que hayas estado manteniendo a lo largo de los años; ve las historias que te cuentas por lo que son: solo historias. Al zafarte de su influjo saldrás de tu cabeza para vivir en tu corazón y sentir el momento presente. Así notarás tu dolor y verás con más claridad lo que necesitas hacer para sentirte mejor. Pero si ignoras cómo te sientes no sabrás lo que necesitas, y si no sabes lo que necesitas no te expresarás con claridad de manera afectuosa, sincera y provechosa. Al observar tus sentimientos en lugar de fijarte en las historias que te cuentas, frenas tus reacciones automáticas mientras conversas para pararte a pensar en el siguiente paso y en la mejor acción, en vez de dejar que las historias y las reacciones que te provocan piensen por ti.

El Buda enseñó que en realidad el sufrimiento humano lo origina el deseo y el miedo. Para que aprendas a comunicarte mejor analizaré el papel que juega el miedo en los diálogos internos negativos, ya que la mayoría de sentimientos, por no decir todos, que encierran las historias que nos contamos en nuestra mente vienen del miedo.

Para reparar en lo que sientes, primero reconoce las historias que te cuentas. Después aprende a captar los sentimientos que se esconden tras ellas. Y, por último, averigua si su origen es algún miedo.

Estas son algunas de las historias más comunes y algunos de los sentimientos y los miedos que se esconden tras ellas:

Historia	Sentimientos potenciales	Miedo subyacente
Soy demasiado sentimental.	Asustado, solo.	Si me abro, me herirán.
Nunca conseguiré ese trabajo.	Inseguro, inepto.	Me da miedo fracasar.
Soy demasiado viejo para eso.	Triste, desanimado o deprimido.	Me falta carácter, soy aburrido o «soy un vejestorio».
Estoy gordo.	Incompetente, inseguro, desesperado.	No doy la talla. No atraeré a una pareja o no me durará.
Soy una amiga/hija/ esposa/madre/padre/ hijo horrible.	Culpable, avergonzado.	Mi familia o mi comunidad no me aceptarán.
No soy lo bastante listo.	Incompetente, inseguro, decepcionado.	No valgo lo suficiente. No puedo alcanzar mis metas.
No debería haberme divorciado.	Arrepentido, triste.	Me han partido el corazón. No encontraré a mi media naranja.
No debería haberme mentido.	Herido, vulnerado, moralizador.	No me abriré, no puedo confiar en nadie.
Debería haber aceptado ese trabajo.	Arrepentido, ansioso, inseguro.	En el futuro no me llegará el dinero o mi carrera no va por buen camino.

¿Te has dado cuenta de que la columna de las historias y la de los miedos se parecen mucho? Como ves, todas estas historias en el fondo generan miedo, están gritando a todas horas en tu mente: no vales lo suficiente, te falta algo, deberías mejorar. Las historias que te cuentas una y otra vez te provocan miedo y entonces dudas de ti, añadiendo más historias a la mezcla. Es un círculo mental. Te quedas atrapado en tus propias historias.

Pero el nuevo modelo para aprender a comunicarte mejor contigo mismo es el siguiente: reconoce la historia que te cuentas, tómala por lo que es y descubre el sentimiento que oculta. Al reparar en ello y asimilarlo, te comunicarás mejor contigo mismo y sabrás lo que necesitas en ese momento.

Deja de apegarte a tus historias. Observa lo que sientes

Como ves es fácil dejarse llevar por la noria de la mente. Así es cómo creamos la mayoría de nuestro sufrimiento. En cuanto nos montamos en la noria, ya no la podemos controlar, y se pone a girar con demasiada rapidez como para saltar de ella. Tal vez se te ocurran un puñado de historias en las que te has quedado atrapado. Te aseguro, por haberlo vivido de primera mano, que cuando descubres que estás atrapado en una, es un momento maravilloso, porque en ese instante decides dejar de creer en ella. Te dices: *Esta historia no es cierta. Esta historia no es mía. No tengo por qué escuchar esta voz en mi cabeza diciéndome que me falta algo*. Las frases son sencillas y tremendamente poderosas a la vez.

* *

🟤 Cultiva la comunicación

* *

Cierra los ojos y piensa en la última vez que te contaste una historia negativa o elige una de las que has escrito. Dite ahora: *No tengo por qué creerme esta historia. Esta historia no es cierta. No es mía. No es la historia que quiero contarme.*

Abre los ojos y observa cómo te sientes. Esto es simplemente para mostrarte lo poderosas que son estas frases y que el mero hecho de pronunciarlas te permitirá llevarte por delante cualquier obstáculo y alcanzar lo que antes te parecía imposible.

Para superar la historia identifícala primero y recuerda que no debes apegarte a ella ni creértela. Así volverás al presente. Abandonarás tus hábitos mentales. Notarás cómo te hace sentir, aunque te resulte molesto, porque en muchos casos las historias que te cuentas te impiden hacer justamente esto. A nadie le gusta sentirse triste, avergonzado o furioso. Pero esto es exactamente lo que necesitas hacer. Y cuanto más sigas en el incómodo estado de reparar en tus sentimientos, mejor te sentirás contigo mismo.

Cierra los ojos y vuelve a la historia de carencia. Entra en ese espacio mental y repite: *No pienso creerme esta historia. No voy a creérmela.* Pregúntate: *¿Qué siento cuando la doy por cierta? ¿Cómo me hace sufrir? ¿Qué miedo se esconde tras ella? ¿Cómo me estoy haciendo daño?* Abre los ojos y observa cómo te sientes. Abandonar tus historias e identificar los sentimientos y miedos que encierran es sumamente transformador, sobre todo cuando te das cuenta de que muchos de tus miedos los has creado tú. Al sacarlos a la luz pierden su poder, porque dejan de definirte in- conscientemente.

A continuación encontrarás el resumen del proceso que he descrito en esta parte:

Historia negativa

No pienso creerme esta historia

¿Qué estoy sintiendo ahora?

Reparo en lo que estoy sintiendo

¿Qué puedo hacer para sentirme mejor?

Ahora que prestas atención a las palabras que te dices y a tus sentimientos, pasa al último paso, al de escucharte y observarte con afecto. Después de dar este paso, atarás cabos y tu nueva forma de relacionarte contigo mismo te ayudará a aplicar la recta palabra no solo contigo, sino también a la hora de comunicarte con los demás.

Obsérvate con afecto

Imagínate por un momento que estás observando silencio- samente lo que hace uno de tus mejores amigos a lo largo del día. Te das cuenta de que en ciertas situaciones se siente triste, inseguro, incompetente, culpable, avergonzado, ansioso y asustado. Si pudieras hablar con él en esos momentos, ¿irías corriendo a reprenderle? ¿Le dirías que no está a la altura de la situación? ¿Qué es un flojo y un inepto? Lo dudo. Sin embargo, como has visto en la última parte, esto es exactamente lo que muchas personas hacen consigo misma en distintos momentos a lo largo del día.

El budismo enseña que en la senda del bodhisattva que pone fin al sufrimiento esta clase de autoflagelación verbal es limitadora e innecesaria. Incluso me atrevería a decir que esta clase de diálogos internos negativos nos hacen sufrir. Volviendo a la analogía de observar a un amigo, ¿qué le dirías o harías por él en esos momentos tan difíciles? Como la mayoría de la gente, seguramente le consolarías, animarías y harías todo lo posible para ayudarle. Es decir, serías compasivo con él. El tercer paso para comunicarte mejor es, por tanto, observarte con afecto y ser compasivo contigo.

Quiero aclarar que la mayoría del tiempo no aplicamos la recta palabra al hablarnos a nosotros mismos de manera veraz, ecuánime, afectuosa y provechosa. Nos contamos historias de carencias y, cuando no estamos atentos al momento presente, decidimos creérnoslas. Pero ahora sabes que tus pensamientos e historias no son más que pensamientos e historias y que no tienes por qué creértelos. Esto te permitirá volver al presente e indentificar los sentimientos que te están haciendo sufrir. Cuando detectes y sientas esos molestos sentimientos al haberlos separado de tu historia, el siguiente paso es abrazarte y mirarte al espejo, o cerrar los ojos y decir: *No pasa nada, eres una buena persona. En este momento estás seguro. Creo en ti.* Hazlo hasta tranquilizarte y luego pregúntate: *¿Qué puedo hacer para sentirme mejor? ¿Cómo puedo ser afectuoso conmigo mismo en este momento? ¿Cómo puedo calmarme en estos turbulentos momentos? ¿Qué es lo que ahora necesito? ¿Qué es lo que quiero?* Estás intentando captar los molestos sentimientos que sientes diciéndote: *No pasa nada. Cuenta conmigo. Estás bien. Creo en ti. ¿Qué podemos hacer para resolverlo?*

* *

🌸 Cultiva la comunicación

* *

Cierra los ojos y recuerda de nuevo algunos de tus diálogos interiores negativos y las historias que has elegido en la parte anterior. Vuelve a ese espacio mental y repite: *No pienso creerme esta historia. No voy a creérmela.* Pregúntate luego: *¿Qué siento cuando pienso así? ¿Qué clase de sufrimiento siento cuando la doy por cierta?* Después de reconocer el sentimiento, repite: *Creo en ti. Estás bien. Acepto el dolor que siento.* Y cuando lo hayas aceptado, pregúntate: *¿Qué necesito hacer para sentirme mejor? ¿Cuál es el siguiente paso que debo dar en este momento para lograrlo?*

El proceso es el siguiente:

Historia negativa

↓

No pienso creerme esta historia

↓

¿Qué estoy sintiendo ahora?

Reparo en lo que estoy sintiendo

¿Qué puedo hacer para sentirme mejor?

Al atar cabos, ya estás empezando a cambiar tu forma de comunicarte contigo mismo. Antes tus palabras te venían del miedo y de alguna carencia, estabas sumido en las dudas y el sufrimiento, pero ahora, en cambio, respondes de manera afectuosa, sincera y provechosa, sin juzgar. Cuando dejas de hablarte negativamente y de criticarte en tus diálogos internos, te ves con una mirada clara y afectuosa. En cuanto abandonas tus historias reprobatorias, eres más capaz de conversar con otras personas con franqueza y sinceridad y de fluir con la situación.

✿ Cultiva la comunicación

Mantente atento a tus pensamientos a lo largo del día y cuando te oigas castigándote o juzgándote en tus diálogos negativos, procura identificar el sentimiento que los provoca. ¿Te sientes inseguro, avergonzado, ansioso, estresado, culpable, crítico o superior a los demás moralmente? ¿Qué temor enmascara todo ello? ¿De qué tienes miedo?

Recuerda que está bien sentirte triste o agobiado. Cualquier sentimiento es correcto. Pregúntate: *¿Qué puedo hacer para sentirme mejor en este momento? ¿Qué haría si no pensara lo que estoy pensando?*

Al escucharte, puedes:

- Identificar los pensamientos y las narrativas que te hacen sufrir.
- Dejar de aferrarte a la historia y captar los sentimientos que se esconden tras ella.
- Afrontar el sentimiento en lugar de dejarte llevar por la historia, consolándote como lo haría un querido amigo en la misma situación.

Repara en si te enojas contigo mismo por contarte historias negativas: *¡No me puedo creer que me siga machacando por eso o por aquello!* Se trata de otra historia más. La sutileza de la autoflagelación es asombrosa. Cuando te ocurra detente y repite: *Te perdono. Eres humano.* Y aunque suene cursi, funciona.

Ahora que has adquirido las habilidades necesarias para hablarte de manera sincera, afectuosa y útil, analizaré más a fondo estas técnicas y la manera en que puedes aplicarlas cuando te comuniques con los demás.

Hablar con los demás

Para saber cómo te comunicas con los demás sigue los mismos tres pasos citados en el primer paso (página **51**), aunque ahora debes centrarte en prestar atención a tus interacciones con los demás. Descubrirás que el tercer paso es el único que cambia, ya que ahora no solo te observas a ti sino a todo el mundo con compasión.

1. Presta atención a tus palabras y lenguaje.

2. Presta atención a tus sentimientos.

3. Observa a todo el mundo con afecto, incluyéndote a ti.

Presta atención a tus palabras y lenguaje

> *Cuando surge un hábito, el cerebro deja de participar plenamente en la toma de decisiones. Ya no trabaja tanto, o desvía la atención hacia otras tareas. A no ser que combatas deliberadamente un hábito —a menos que encuentres nuevas rutinas—, este volverá a aparecer de manera automática.*
>
> CHARLES DUHIGG

La diferencia entre una reacción y una respuesta

La mayoría de mis alumnos descubren al empezar a observar sus hábitos de comunicación que la mayor parte de las veces lo hacen automáticamente. Es decir, se han acostumbrado a seguir una rutina y reaccionan siempre de la misma manera ante las situaciones, por lo general sin reparar en ello siquie-ra. En el contexto de la comunicación, una respuesta es muy distinta de una reacción. Esta última es automática y habi-tual, y es producto de un condicionamiento del pasado. En cambio, una respuesta es consciente, equilibrada y útil. Cuan-do respondes a una situación eres consciente de lo que está ocurriendo en ese momento, e incluso de tus antiguos hábitos y de lo que estás sintiendo. Un bodhisattva responde al mun-do en lugar de reaccionar a él.

🌸 Reaccionar frente a responder

La gente suele preguntarme en qué se diferencia re-accionar de responder. Una reacción es instantánea, irreflexiva. Una respuesta en cambio es gradual, medi-tada. Esta práctica de cinco pasos te enseña a dejar de reaccionar de un modo que no es afín a los elemen-tos de la recta palabra para respetarlos respondiendo reflexivamente.

Antes de aprender a responder en lugar de reaccionar, debes conocer cuáles son tus automatismos habituales. Cuan-do hablas con los demás, sobre todo en las conversaciones que te hacen reaccionar, ¿cuál es tu forma de actuar? Cuanto más adviertas tus reacciones, más fácil te resultará cambiar-las. Si te critican constructivamente en el trabajo, tu primera reacción tal vez sea meterte con tus jefes por ser tan estúpi-dos: *¡Quiénes se creen que son! ¿Por qué me tratan así?* O tal vez te cierres creyendo que tienen razón, que no eres un buen empleado. Cuando no adviertes tus reacciones automáticas te dejas llevar por ellas. Pero ahora ha llegado el momento de conocerlas.

¿Cómo reaccionas en una conversación estresante? Por estresante me refiero a una situación en la que te sientes incómodo, criticado, juzgado o avergonzado.

- ¿Reaccionas gritando y atacando verbalmente, volviéndote agresivo, paranoico, echándole la culpa a otros, sintiéndote frustrado y yéndote a los extremos, exagerando, usando un lenguaje hiriente, dando por bueno lo de ojo por ojo?

- ¿Intentas eludir la responsabilidad, justificando tu conducta, inventándote excusas, mintiendo, negándote a aceptar tu papel, teniendo una razón para todo?

- ¿Te cierras aislándote en tu propio mundo, guardando silencio y sintiéndote deprimido, perdido, confundido y tan agobiado que, cuando la situación te supera, haces lo que te piden renunciando a tus deseos, aunque signifique no ser fiel a ti mismo?

- ¿Mientes, diciendo que algo te parece bien cuando por dentro piensas lo contrario y acabas sintiéndote resentido, planeando incluso vengarte?

- ¿Te lo tomas a pecho, no oyes más que acusaciones y críticas cuando alguien no está de acuerdo contigo, te pones a la defensiva y te victimizas, parapetándote en tus juicios?

- ¿Haces suposiciones, concluyes que como a tu jefe no le ha gustado un aspecto de tu trabajo, detesta todo lo que haces y te imaginas lo peor?

- ¿Dejas de escucharle, tachando sus críticas de poco acertadas o absurdas, creyendo que tú dominas más el tema y que no necesitas oír lo que quiere decirte?

✳ Cultiva la comunicación

El primer paso, como al escucharte a ti mismo, es reparar en tus hábitos poco sanos cuando te comunicas con los demás. Piensa en varias conversaciones estresantes a las que te hayas enfrentado en los últimos meses, cuando no seguías ninguna de las sugerencias que acabo de citar. Anota en tu diario situaciones en las que reaccionaste en lugar de responder. ¿Por qué crees que interpretaste la información de ese modo? Cuando atacas verbalmente a tu interlocutor, te cierras en banda, te tomas un comentario a pecho o haces suposiciones, ¿te comportas así porque te sientes inferior a él o por creer que no te mereces tener suerte en la vida? ¿O reaccionas de la manera opuesta? ¿Los comentarios de los demás te traen sin cuidado o los desechas sin analizarlos siquiera?

Identificar tus reacciones automáticas mientras conversas en una situación estresante es importante para ver y corregir lo que está ocurriendo en ese momento. Dedica unos minutos a ver cómo interpretas la información. Quizá te identifiques con más de una de estas descripciones, depende de tu situación o de la relación. Por ejemplo, ¿eres dado a hacer suposiciones o te cierras en banda cuando discutes con tu jefe? ¿A qué comentarios les sueles quitar importancia, a los de tus amigos o a los de tus hijos?

Cuando seas consciente de cómo reaccionas ante las situaciones descubrirás qué es lo que debes cambiar en tu fuero interno para responder a ellas. No olvides que tu meta es comunicarte de manera afectuosa, sincera y útil, sin juzgar. El siguiente ejemplo ilustra la diferencia entre una reacción y una respuesta.

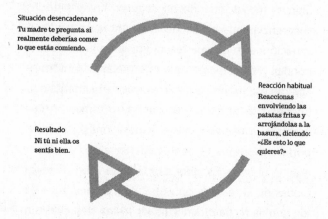

Situación desencadenante
Tu madre te pregunta si realmente deberías comer lo que estás comiendo.

Reacción habitual
Reaccionas envolviendo las patatas fritas y arrojándolas a la basura, diciendo: «¿Es esto lo que quieres?»

Resultado
Ni tú ni ella os sentís bien.

El escenario que acabo de citar ilustra una reacción automática. Tal vez reaccionas así al sentirte juzgado y criticado. Reflexiona sobre cómo esta reacción crea este resultado. Observa ahora el siguiente escenario:

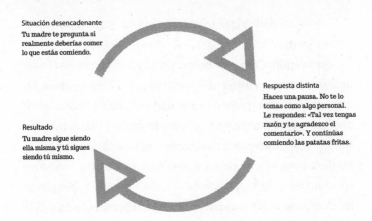

Situación desencadenante
Tu madre te pregunta si realmente deberías comer lo que estás comiendo.

Respuesta distinta
Haces una pausa. No te lo tomas como algo personal. Le respondes: «Tal vez tengas razón y te agradezco el comentario». Y continúas comiendo las patatas fritas.

Resultado
Tu madre sigue siendo ella misma y tú sigues siendo tú mismo.

El cambio aquí reside en la respuesta y el resultado consiguiente. Y al responder de otra manera, obtienes otra clase de resultado. Al fin y al cabo, las situaciones estresantes son inevitables y en muchos casos no estaremos de acuerdo con las opiniones de los demás. Aunque no puedas cambiar sus sentimientos o acciones (ni debas desearlo la mayoría de las veces), puedes cambiar tu forma de responder a ellos, haciendo que las relaciones que mantienes con la gente sean más provechosas o como mínimo menos dolorosas para todos. ¿Cómo puedes transformar tus reacciones automáticas en respuestas reflexivas? Observando lo que sientes y aceptándolo.

Presta atención a tus sentimientos

Es el típico intercambio entre una pareja que aparece en la televisión todo el tiempo. Él llega tarde a casa y su esposa le lanza una mirada, irritada.

—¿Qué te pasa? —pregunta él.

—Nada —responde ella.

—¿De verdad? ¿Qué te pasa? —insiste su marido.

—Nada.

Siempre que veo esta escena en la televisión o en el cine quiero intervenir y susurrarle a ella al oído: «No es nada. Lo que estás sintiendo no es nada, sino algo. Y debes hacer algo al respecto». Este tira y afloja me saca de quicio porque lo he sufrido en mis carnes, me he guardado mis verdaderos sentimientos para castigar a mi pareja por no leerme la mente. Como no era consciente de lo que estaba sintiendo en ese momento no me desahogaba, y me guardaba mis sentimientos al no confiar en mi modo de ver las cosas. La poca confianza en nuestras emociones y el apego a la historia que nos contamos en nuestra mente nos impiden expresarnos con sinceridad, sin exagerar, sin manipular la situación ni ser negativos. En este escenario responder «nada» es una forma de cerrarse y de mentir.

El «nada» es una respuesta directa a la demora de su marido, la palabra en sí y la entonación de la mujer implican que algo va mal, aunque ella afirme lo contrario. No se da cuenta de lo que siente cuando él llega tarde a casa y como tampoco dice que está dolida, la situación sigue sin resolverse. En muchos casos como este, nos vienen esa clase de pensamientos a la cabeza: *¡Cómo es posible que no entienda por qué estoy disgustada! Tendría que haberlo notado. Y encima vuelve a llegar tarde, ¡no tiene remedio!* Si esta situación se repite muchas veces sin que la mujer exprese lo que siente, se le podría pasar por la mente algo más hiriente aún: *Es un imbécil. A veces le odio. Pasa olímpicamente de mí. ¡Qué egoísta es!*

Es evidente que está absorta en su propia historia y en lugar de observar sus sentimientos y decir la verdad, vuelve a reaccionar automáticamente. ¡Cómo iba esta actitud a ayudarla a mantener un diálogo sano, a expresarse de forma provechosa con sinceridad y ecuanimidad, sin juzgar! Sigue atrapada en la misma situación porque está ensimismada en los pensamientos y la historia que no se puede sacar de la cabeza. Si hubiera escuchado a su marido y expresado lo que sentía cuando él se lo preguntó, las cosas habrían sido muy distintas.

En lugar de dejarse llevar por una antigua historia y por sus automatismos, podría haber estado presente en ese momento y notar lo que sentía cuando él le preguntó qué le pasaba. Si hubiera hecho una pausa para mirar en su interior y ver lo que sentía, esta dilación en su respuesta, esta pausa, le habrían ayudado a no dejarse llevar por la historia. Habría recuperado la calma, diciéndose: *¿Qué puedo hacer para sentirme bien? ¿Cómo me hace sentir esta acción?* Dejando de fijarse en lo que no podía cambiar (el hecho de que él llegara tarde), se habría centrado en lo que podía cambiar (cómo expresar lo que la situación le hacía sentir). Y al volver al presente y observar sus sentimientos, habría tenido el tiempo necesario para decidir responder de otra forma, para aceptar sus sentimientos.

Al igual que has hecho en la parte de escuchar tu diálogo interior, ahora te dedicas a observar lo que estás sintiendo en lugar de volver a un hábito poco sano. A continuación hablaré del último paso, que es tan importante como el del apartado anterior.

Observa a todo el mundo con afecto, incluyéndote a ti

Cuando estás en una situación tensa es fácil recaer en un viejo hábito: olvidarte de ser consciente de tus palabras o sentimientos y reaccionar automáticamente: «Sí lo hiciste». «No, no lo hice». «Sí lo hiciste». «No, no lo hice». Ya te habrás hecho una idea de la situación. Este tipo de conversaciones son reactivas e inútiles y acaban dejándote un mal sabor de boca.

Pero en cuanto sigues los dos primeros pasos mientras conversas con alguien, ya has progresado mucho en lo que respecta a las técnicas para responder en lugar de reaccionar. El tercer paso —ser compasivo contigo mismo y con los demás—, es lo siguiente que necesitas para aplicar los elementos de la recta palabra a tus conversaciones, sobre todo cuando la situación empieza a ser estresante.

Volviendo al ejemplo anterior, la mujer aplica los dos primeros pasos y luego el tercero. Su marido llega tarde a casa. Ella se da cuenta de la situación, sabe cómo reaccionaba antes a esta clase de episodios y cuando él le pregunta: «¿Qué te pasa?», observa lo que está sintiendo en el presente. Cerrando los ojos, se dice: *«No pasa nada. Estás bien. ¿Cómo te sientes?»*

Tal vez se siente enojada, dolida, decepcionada o ansiosa. Después reconoce el miedo que se esconde tras su sentimiento de enojo:

- Ha llegado tarde y estoy enojada. Temo que no tengamos tiempo de hacer todo lo que yo había planeado.

- Ha llegado tarde y estoy dolida o decepcionada. Me da miedo que no me valore a mí ni a mi tiempo, cree que puede romper sus promesas sin darme ninguna explicación.

- Ha llegado tarde y estoy ansiosa. Tengo miedo de que tenga una relación con otra mujer.

- ¿No son más que historias que me cuento? ¿Cómo sería la situación sin ellas?

A continuación se ve a sí misma con compasión y se pregunta qué debe hacer para sentirse mejor. Y como se está relacionando con otra persona, recuerda que debe verla también con compasión. En cuanto nota y acepta su miedo, descubre que es ella misma y no su pareja la que lo ha creado. Y al darse cuenta, comprende que él no ha querido hacerle daño llegando tarde a casa. Que no está intentando deliberadamente hacerla sufrir. Este hallazgo le permite sentir compasión por su marido.

Otra herramienta que puedes usar para ser compasivo es averiguar si lo que la situación actual te hace sentir te viene de un problema irresuelto del pasado. En este ejemplo la mujer pudo haber tenido antes una relación con un hombre que llegaba tarde a casa y haber descubierto más adelante que la estaba engañando con otra. Si es así, sabría que la experiencia del pasado podría estar condicionando su relación actual. Se da cuenta de que el miedo le viene de unas circunstancias que no tienen nada que ver con su pareja actual. Reconocerlo le permite ver a su marido con compasión.

La compasión se da cuando te comunicas viendo la realidad de la otra persona. Tu interlocutor se convierte en un igual en lugar de en una fuerza opositora con la que lidiar. Y entonces, cuando ves que no está intentando herirte o hacerte sentir mal aposta, es cuando estás preparado para preguntarte qué debes hacer para sentirte mejor, e intentas averiguar si puedes hacer algo para ayudarle. En cuanto te das cuenta de ambas cosas, puedes comunicarte de manera sincera, ecuánime y provechosa, sin juzgar.

Advertencia: quiero aclarar que la compasión no significa convertirte en un felpudo. También puedes ser compasivo cuando tienes que despedirte de alguien por su conducta inaceptable.

Este es el proceso para advertir de qué manera te comunicas con los demás:

Situación estresante.

↓

Decido no quedarme atrapado en el incidente/historia.

↓

Me centro en el momento presente. En lo que siento.

↓

Estoy bien. Soy valioso. Creo en mí.

↓

¿Cuándo fue la primera vez que tuve este sentimiento?

↓

Obsérvalo con compasión.

↓

¿Qué puedo hacer para sentirme mejor?
¿Cómo puedo ser útil en esta interacción?

Uno de los elementos más importantes para ser capaz de responder en una conversación en lugar de reaccionar de forma automática, es simplemente hacer una pausa antes de hablar. ¿Por qué? Porque te permite reflexionar sobre cómo te sientes en ese momento y ver a todo el mundo, incluso a ti, con compasión, por lo que tiendes a no reaccionar como siempre.

A propósito, los ejemplos citados se han centrado hasta ahora en la comunicación verbal, pero estas herramientas también son aplicables a las palabras escritas, y son especialmente útiles en el mundo moderno, donde la mayoría de las veces nos comunicamos a través de correos electrónicos, mensajes de texto y redes sociales.

Por ejemplo, recientemente le envié a alguien del trabajo por correo electrónico un documento para un proyecto y me respondió inmediatamente diciendo que ojalá hubiera trabajado más en él. Mi primera reacción fue defenderme explicándole por qué no lo había hecho y decirle que no era lo que habíamos acordado. Según mi opinión reactiva, él era el responsable de hacer lo que me estaba pidiendo. Pero de pronto hice una pausa, volví al momento presente y advertí la sensación de irritación que me embargaba. Lo cual me permitió ver más allá de este intercambio y reconocer una situación del pasado en la que había sentido lo mismo. En cuanto lo descubrí, supe que esa persona no me estaba intentando hacer daño aposta y pude verle con cordialidad de nuevo. Después reflexioné en su deseo. ¿Qué era lo que él necesitaba? ¿De dónde le venía esta necesidad? Aunque podía habérmelo dicho de otra manera, sabía que no estaba intentando atacarme ni criticarme. En ese punto pensé en lo que yo necesitaba en la situación y en lo que podía ofrecerle. Solo entonces, cuando vi la situación con calma y claridad, pude responder en lugar de reaccionar a ella.

A veces responder a través de un correo es más fácil porque no te ves obligado a contestar inmediatamente.

Pero me gusta defender la idea de que en una conversación también puedes hacer una pausa. Por ejemplo, pongamos que mientras conversas con alguien te quedas atascado entre uno de estos pasos, sabes lo que estás sintiendo, pero eres incapaz de ser compasivo con tu interlocutor. En esta clase de situaciones te sugiero decir algo como: «Me gustaría de veras discutirlo contigo, pero necesito reflexionar un poco, la situación me parece un tanto confusa y complicada. Ya me pondré en contacto contigo cuando tenga las cosas claras».

Los correos electrónicos, los mensajes de texto y las redes sociales también pueden dificultar la comunicación, ya que los mensajes breves no nos permiten expresarnos plenamente y quien los recibe puede interpretar los vacíos que dejan. Cuando le envíes un mensaje a alguien ten presente la costumbre de «llenar los vacíos» o lo que es lo mismo: hacer suposiciones. La mayoría hemos oído historias o hemos participado en intercambios de correos que han acabado tergiversándose. Cuando creas que pueda existir esta posibilidad, te sugiero que digas: «Aplacemos la discusión hasta que podamos hablar cara a cara. Quiero asegurarme de que nos entendamos bien».

¿Captas el sentido del humor de la historia?

Una herramienta que nos ayuda a comunicarnos mejor y que, sin embargo, no solemos tener en cuenta es el sentido del humor, que al igual que una pausa, nos permite relajar el ambiente en situaciones estresantes. Muchas personas equiparan el budismo con la seriedad, pero no es así. La siguiente historia zen lo ilustra a la perfección:

A un joven discípulo zen le encargaron adornar el templo con varios jarrones de flores. Era un joven muy serio y quería lucirse en su labor. También es posible que la vanidad jugara un cierto papel en ello. «Asegúrate de que las flores no sobrepasen la altura de los ojos de la estatua», se recordó a sí mismo. «De que en el jarrón haya una cantidad impar de flores.» «De que no tengan espinas ni sean puntiagudas.» «De que no sean flores blancas, porque solo se usan en los funerales.» Mientras llenaba los jarrones con flores, un monje veterano entró en el templo y se lo quedó observando un momento.

—¿Quieres saber cómo hacer unos arreglos florales perfectos para el altar? —le propuso.

—¡Oh, sí! —repuso el joven entusiasmado.

—Pues coge un puñado de flores, mételas en el jarrón, aléjate un poco y di: «¡Me ha quedado perfecto!»[1]

Una de las lecciones de esta historia es recordar que no debes tomarte demasiado en serio. Aunque te quedes atrapado en tus historias, ¿eres capaz de tomártelas con sentido del humor? Yo me fijé el objetivo de reírme cada día (de mí misma y de los demás). Cuando ocurre algo inesperado en

---

1. Esta historia aparece en la publicación gratuita del Centro Zen de San Francisco, *Teachings from Meditation in Recovery: Prajna Paramita, The Perfection of Wisdom.*

mi vida, me pregunto: «¿Me puedo reír de esto?» Si, por ejemplo, le has estado diciendo a tu jefe hasta la saciedad que un cliente está de vacaciones y a los pocos segundos te pregunta dónde está, si llamas a tu hermana para contarle una buena noticia y lo primero que te dice es que esperes un momento, o si al prepararte un café te olvidas de llenar el filtro de grano molido, todas estas situaciones te pueden sacar de quicio. Pero ¿y si decides reírte de ellas en su lugar? Hace un tiempo vi una postal en la que ponía: Si tu novio está enfadado y te imaginas que lo cubres con una capa mágica y exclamas: «¡Tachán! ¡Ahora estás superenfadado!», y se ríe, cásate con él.

Ser capaz de reírte de ti, de tus actos, y no tomarte demasiado en serio significa que no te estás apegando a una historia dramática en la que te ves como el vencedor o la víctima. Saber tomarte con humor una conversación que podría agriarse te ayuda a manejar mejor una situación abrumadora, a discutirla y revaluarla.

¿Por qué reír va tan bien para relajar la tensión del ambiente? Porque te devuelve al presente. Piensa en la última vez que te dio un ataque de risa. ¿Pensabas en alguna otra cosa mientras te reías a carcajadas? Cuando te ríes le quitas importancia a tu frustración y relativizas las cosas. Al ver el problema con la mente relajada, te resulta más fácil resolverlo. Es muy difícil sentirte disgustado o enojado cuando te ríes. O decepcionado y rechazado, o triste y asustado. Como reír te relaja y te hace sentir bien, te comunicas mejor. Te permite aceptar la situación y dejar de juzgar y de criticar. Por lo que no solo mejora la relación que mantienes contigo mismo, sino también la que mantienes con los demás.

Aprender a escuchar cómo te hablas y te comunicas con la gente es esencial para comunicarte de una nueva forma. Al escucharte puedes abandonar tus automatismos y allanar el terreno para que tus conversaciones sean afectuosas, sinceras y provechosas.

Recuerda

- Escúchate: presta atención a tus palabras, sé consciente de lo que sientes y contempla a todo el mundo con afecto, incluyéndote a ti.

- Deja de apegarte a las historias: tómatelas simplemente como historias y recuerda que no tienes por qué creértelas. Vuelve al momento presente observando cómo te sientes y averigua lo que realmente necesitas para sentirte mejor en lugar de fijarte en los aspectos negativos de tu interlocutor o en la situación que te ha hecho sentir así.

- Responde con calma: observa tu deseo de reaccionar automáticamente, haz una pausa, identifica el sentimiento que hay detrás de tu reacción inicial (¿te has sentido de ese modo en otra ocasión?), contempla a todo el mundo, incluyéndote a ti, con compasión y descubre qué puedes hacer para sentirte mejor. Incluye en una sola frase: acción + sentimiento + lo que necesitas para sentirte mejor.

Escucha a los demás

No dejes que la conducta de otros
destruya tu paz interior.

DALAI LAMA

Quizás has vivido esta situación. Suena el teléfono. Lo coges. Y de pronto al otro lado de la línea oyes a un hombre o a una mujer preguntándote si quieres renovar una suscripción, hacer un donativo o apoyar a un candidato político. A veces te hablan de un tirón durante cinco minutos seguidos antes de poder responderle. ¿Cuántas veces crees que le han dejado exponer su discurso hasta el final? ¿Y en cuántas de esas conversaciones las dos partes se han quedado satisfechas? Me atrevería a decir que en general son muy pocas. ¿Por qué? Porque en cuanto reconocemos a un vendedor al otro lado de la línea, nos cerramos en banda. Tanto da lo que vaya a decirnos, lo único que queremos es colgar el teléfono cuanto antes. Le interrumpimos. Le hablamos a la vez en un tono más alto, creyendo que nuestras necesidades y nuestro tiempo son más importantes, lo cual nos da permiso para descartar lo que nos está diciendo.

Esta clase de comunicación se da en situaciones muy distintas a diario. Tanto si somos conscientes o no de ello, tratamos a muchas personas, la mayoría de las veces a las más cercanas, como vendedores. Piensa en la última vez que dejaste de escuchar a alguien. Quizás al tomarte a pecho lo que te dijo te cerraste en banda, creíste que ya sabías lo que te iba a decir, y dejaste de escucharle, aunque asintieras para fingir que seguías la conversación. Basándote en lo que has aprendido, esta clase de conducta crea un ambiente que fomenta las reacciones automáticas en lugar de respuestas afines a los elementos de la recta palabra. Tu meta es crear el ambiente propicio para unas palabras afectuosas, sinceras y provechosas, y aprender a escuchar a la gente es un paso importante en ello.

Para aprender a escuchar a otra persona sigue estos cuatro pasos:

1. Mantente presente.

2. Observa las cosas desde su punto de vista.

3. Aprende a aceptar la verdad.

4. Pregúntate si puedes ayudarle de algún modo.

Si aplicaras estas técnicas al ejemplo del vendedor, en lugar de interrumpirle estarías presente en ese momento, centrado al cien por cien en la llamada en vez de estar pensando en que no tienes tiempo para escucharle o en lo que tienes que hacer cuando cuelgues. Eres consciente de que el vendedor está haciendo simplemente su trabajo y de que posiblemente su jefe evaluará su llamada, y además aceptas que al principio solo has tenido en cuenta tu propia agenda. Después te preguntas: *¿Cómo puedo ayudarle?* Le ayudas al escuchar su discurso y decirle sinceramente si aceptas o no lo que te está ofreciendo. Seguir estos cuatro pasos te permite no reaccionar automáticamente y ser un escuchador impecable que responde con palabras afectuosas, sinceras y provechosas.

Cómo escuchar a alguien

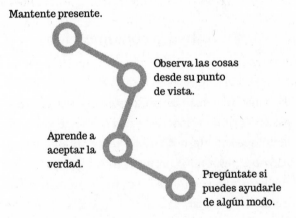

Mantente presente.

Observa las cosas desde su punto de vista.

Aprende a aceptar la verdad.

Pregúntate si puedes ayudarle de algún modo.

Mantente presente

El otro día advertí en medio de la clase que impartía en ese momento, que no le estaba prestando atención a un alumno. Mientras me leía su historia, no dejaba de pensar en si tenía suficiente material para el resto del taller. Al leerme la última frase, descubrí que no tenía idea de lo que me había estado contando.

Cuando no escuchamos a los demás, tenemos la cabeza en otra parte. Juzgamos lo que oímos, pensamos en lo siguiente que haremos o en si lo que nuestro interlocutor nos está diciendo tiene que ver con nuestra vida en lugar de intentar entender cómo se siente. Cuando no le escuchamos, tiende a irritarnos más porque queremos que acabe cuanto antes para retomar lo que estábamos haciendo, pensando o diciendo. Pero si estamos presentes en esos momentos y dejamos de pensar en otras cosas para prestarle toda nuestra atención, le estaremos dando la oportunidad de ser escuchado y podremos ayudarle.

✺ Cultiva la comunicación

Piensa en una ocasión en la que alguien no te estaba escuchando. ¿Qué hizo para hacerte sentir así? Quizás en lugar de responderte con calma, se cerró, intentó apaciguarte o tuvo una reacción automática. ¿Cómo te sentiste? ¿Cuál fue la última vez que no escuchaste a alguien? ¿Qué estabas pensando o haciendo en su lugar? Cuanto más consciente seas de aquello que te impide escuchar a los demás, con más facilidad lo reconocerás en tus conversaciones. Simplemente toma nota sin juzgarte y vuelve al presente.

Cuando estás presente vives el momento. Tu atención está puesta en lo que tienes delante, sin distraerte, y este es el estado ideal para escuchar las palabras de otra persona. Estar presente te enseña que de vez en cuando tu mente se distraerá, y que cuando notes que estás pensando en lo que harás en la siguiente hora, día o semana, te centrarás de nuevo en lo que tienes delante, volviendo al ahora. Estar presente en cada instante es esencial para comunicarte como un budista, porque solo puedes aplicar los elementos de la recta palabra en el ahora y no en el futuro.

¿Cómo puedes convertirte en una persona que está presente cuando escucha? Despejando tu mente antes de una conversación, dándote cuenta de que te has distraído y volviendo suavemente al ahora sin juzgarte, una y otra vez.

Cómo ser una persona que está
presente cuando escucha

Antes de una conversación: despeja tu mente.

Durante la conversación: vive el momento.

Antes de una conversación: despeja tu mente

En la película *Solteros*, Campbell Scott, uno de los protagonistas, se sienta delante de sus jefes para presentarles un proyecto. Como está destrozado por haber roto con su novia recientemente, tiene la cabeza en otra parte. Hay una escena en la que sus jefes le hablan, pero lo único que se oye son los diálogos que él mantiene consigo mismo en su cabeza.

Esto es similar a como la mayoría de la gente vive a diario. Y cuanto más consciente seas de las historias y pensamientos que te impiden escuchar a los demás, antes los detectarás cuando te vengan a la cabeza. Al reparar en estas distracciones habituales podemos empezar a utilizar algunas técnicas para despejar la mente. Te ofrezco tres métodos para despejarte y centrarte en el presente. Aplícalos por el orden que prefieras y pruébalos todos para ver cuál es el que mejor te funciona.

Respira hasta despejarte

Pongamos, por ejemplo, que estás a punto de reunirte con un amigo para conversar con él o que te estás preparando para una reunión, una llamada telefónica o incluso para cenar con tu familia o con alguien con quien has quedado. Una buena forma de despejarte la mente para estar presente en la interacción es buscar un lugar tranquilo donde puedas sentarte en silencio por un momento (¡a veces es el lavabo!). En cuanto entres, cierra los ojos y escanea mentalmente tu cuerpo, desde la cabeza hasta los pies, advirtiendo cualquier área tensa o dolorida. Conectar con tu cuerpo es un gran método para centrarte en el presente. Al inspirar, imagínate que el aire se propaga por todo tu organismo y al espirar imagínate que elimina cualquier zona tensa, o cualquier pensamiento estresante o emoción contenida. Sigue inspirando y espirando lentamente hasta sentirte limpio y despejado. Antes tenías la cabeza llena de pensamientos, en cambio ahora la espaciosidad que sientes en la mente y en el corazón te permiten instalarte en el presente.

Pon en práctica este método y observa si sientes que tu mente se vuelve más espaciosa y hasta qué punto eres capaz de estar presente durante la conversación.

Verbaliza aquello por lo que estás agradecido

A veces considero la mente como unidades de memoria. Vamos almacenando información en ella y en pocas ocasiones, por no decir ninguna, la consultamos para averiguar si aún la necesitamos o si sería mejor eliminarla. Vivir con la cabeza repleta de cosas nos genera una sensación de espesura mental cuando a diario no nos dedicamos a limpiar durante un rato nuestro espacio interior.

Tal vez te sorprenda, pero un buen método para despejarte y dejar de aferrarte a tus unidades de memoria del pasado es dar las gracias por lo que tienes en la actualidad. La gratitud te lleva al presente y aquello que agradeces en tu vida reemplaza cualquier equipaje mental al que te apegues, ya que no es más que una carga.

✺ Cultiva la comunicación

Primer ejercicio de gratitud

Dedica un minuto a pensar en todo por lo que estás agradecido en tu vida. Cuando yo lo hago pienso en mi buena salud, en mis piernas por llevarme adonde necesito ir, en mis brazos y en mis manos. Pienso en mi familia, en mis amigos. En el sol. En el cielo. Al recordar aquello por lo que estas agradecido, vuelves al momento presente, tomas conciencia de tu entorno y sabes que gozas de lo que más aprecias. Me encanta decir: «Agradezco este momento», porque me lleva inmediatamente al presente. Cuando agradeces lo que tienes, despejas tu mente de cualquier cosa negativa y la reemplazas por pensamientos de gratitud. Y esta actitud de agradecimiento se refleja en las interacciones que mantienes con los demás.

Segundo ejercicio de gratitud

Resérvate de diez a quince minutos cada mañana para escribir de cinco a diez cosas por las que estés agradecido en tu vida. Léelas después *en voz alta* para ti, con emoción, para que tu cuerpo sienta y oiga la gratitud en tu voz. Hazlo cada día durante un mes y averigua si te sientes más agradecido, presente y atento en tus interacciones diarias.

Tercer ejercicio de gratitud

Piensa en la semana que tienes por delante y en alguien del trabajo o de tu vida personal a quien te cueste escuchar o prestarle atención. Escribe a continuación en una hoja de papel la siguiente frase:

Le agradezco a (llena el espacio con su nombre) la...

Enumera cuatro o cinco cosas por las que estés agradecido. Por la mañana o antes de relacionarte con esa persona, lee tus afirmaciones en voz alta. Y, por último, recuerda estas frases de agradecimiento justo antes de verla, porque harán que la escuches con atención.

Escribe aquello que abarrota tu mente

El último método para despejar tu mente antes de una conversación es muy práctico, ya que lo que la colma suelen ser los quehaceres diarios. Como, por ejemplo, llevar la ropa a la tintorería, ir al banco, ir a recoger a los niños, llamar a mamá, acabar un proyecto en el trabajo, etcétera. Cuando tienes tantas tareas pendientes en tu cabeza es lógico que te cueste estar presente en un determinado momento, meditar en quietud y en silencio o prestarle atención a alguien.

Una forma de sacártelas de la cabeza es dedicar unos minutos cada día a anotarlas en una hoja de papel. Algunos de mis clientes prefieren escribir por la noche la lista de tareas del día siguiente, porque eso les ayuda a dormir mejor. A otros les gusta más hacerlo por la mañana. Sea como sea, cualquiera de estas dos opciones es válida. Lo importante es que al anotarlas ya no necesitarás pensar ni preocuparte por ellas el resto del día mientras te relacionas con la gente. Anotarlas en una hoja de papel te ayuda a sacártelas de la cabeza, y situarlas con otra parte en lugar de saturarte la mente. Puedes fijar distintos momentos del día para consultarla y ver las tareas que ya has hecho o planear las pendientes. Escribir tu lista de tareas te ayuda a vaciarte interiormente para vivir el presente con la cabeza despejada y atenta.

✸ Cultiva la comunicación

Durante una semana te sugiero que escribas tu lista de tareas diarias por la noche o a primera hora de la mañana, antes de empezar la jornada. Anota en una hoja de papel todas las tareas pendientes, como «Tengo que llamar a...» o «Tengo que recoger a...». Fija después distintos momentos del día para consultarla y cuando lo hagas tacha la tarea que acabas de realizar o planea la siguiente de la lista. Recuerda que no necesitas pensar en ellas el resto del tiempo. Cuanto más consciente seas de la tarea escrita que más acapara tu atención, más fácil te resultará estar presente en las conversaciones y escuchar atentamente a las personas de tu entorno.

Ahora que ya conoces varios métodos para estar presente en las conversaciones antes de mantenerlas, te ofreceré algunos otros para estar presente y atento mientras conversas.

Durante una conversación: vive el presente

Mientras conversas sé consciente de cuándo te pones a pensar en lo que harás por la tarde o en lo que ha ocurrido por la mañana, es decir, en cualquier otra cosa que no tenga que ver con lo que está sucediendo en ese momento y lugar. En el mundo tecnológico moderno, consultar el móvil mientras conversas es una distracción más, un intento de alejarte del presente.

Otra trampa sutil que te impide escuchar a alguien es pensar en lo que le dirás en lugar de escuchar realmente lo que está a punto de decirte. Es una distracción muy sutil que te hace creer que estás presente cuando no es así. Pero oír no es lo mismo que escuchar, ya que cuando escuchas estás atento al cien por cien.

Cuando seas consciente de que te has distraído, simplemente acéptalo sin juzgarte y lleva la atención de nuevo a la conversación. La buena noticia es que siempre puedes solucionarlo. Siempre puedes decir: «Perdona, ¿puedes repetir lo que acabas de decir?» o «Me gustaría asegurarme de haberte entendido bien», o «Eso es lo que has dicho,

¿verdad?», y repítele lo que crees haber oído. Muchas veces yo me digo mentalmente: *Ahora estoy aquí. ¿Cómo quiero estar presente en este momento? ¿Para esta persona? ¿En esta conversación?*

En una ocasión una de mis alumnas estaba pasando un mal momento emocionalmente. Le costaba expresarse y se guardaba muchas cosas dentro. Quería ayudarla, pero sabía por la conversación que no estaba preparada para escuchar ninguna opinión mía, y me parece bien, porque no podemos escuchar a alguien hasta estar preparados. Decidí escucharla sin más, estar presente, sin planear lo que le diría a continuación.

Al terminar de dar la clase, Bryan vino a recogerme. Fuimos en el coche al supermercado, pero mientras hacíamos las compras no podía sacarme a esa alumna de la cabeza. Él me hacía preguntas, pero yo no le prestaba atención. Estaba pensando en ella, esperando que se sintiera mejor. Plantado entre el brócoli y yo, me dijo, poniéndome las manos sobre los hombros: «Ahora estamos en el supermercado. Olvídate de lo que ha ocurrido en clase, sea lo que sea. Ahora estamos aquí». Le miré a los ojos. Tenía razón. Era un momento nuevo en el que quería estar presente. Noté la sensación de preocupación en mi cuerpo y dejé que se fuera. *Ahora estoy aquí*, me dije. *Es un momento nuevo. Vívelo plenamente.* Siempre estamos reparando en algo, dejamos de aferrarnos a ello, reparamos en otra cosa, dejamos de aferrarnos a ella… una y otra vez. Estar presentes es el constante estado de volver a centrarnos en el ahora.

Estar presente durante una conversación consiste en lo siguiente:

El proceso de estar presente en una conversación

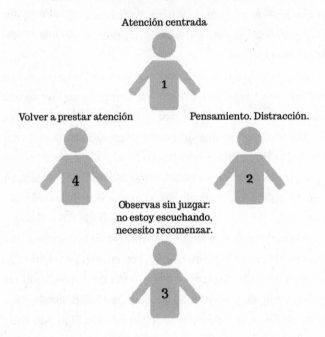

Atención centrada

1

Volver a prestar atención

4

Pensamiento. Distracción.

2

Observas sin juzgar:
no estoy escuchando,
necesito recomenzar.

3

Otra parte importante de volver a prestar atención es no enojarte ni fustigarte por haberte distraído con otra serie de pensamientos, ya que no harías más que crear otra historia negativa en tu cabeza: «¡Escuchar no es lo mío!», alejándote del presente e impidiéndote ser útil. Cuando descubras que te has distraído, simplemente cobra conciencia de ello y vuelve a escuchar a tu interlocutor, sin juzgar.

Cuanto más corrijas tu hábito mental de distraerte y de dejarte llevar por los pensamientos y por otras distracciones (entre ellas tus propias historias negativas y juicios), más presente estarás en tus conversaciones. Cuando estás plenamente presente en ellas la gente lo nota. No te sorprendas si empiezas a oír comentarios como: «¡Tú si que sabes escuchar!» o «¡Contigo sí que puedo hablar!» Estar presente en el momento crea un terreno fértil para que germine y crezca una auténtica comunicación.

🌸 Cultiva la comunicación

Una forma creativa para que no te olvides de volver al presente es usar una goma elástica, una pulsera o un anillo que te guste —cualquier objeto que sea fácil de ver—, y cuando lo notes durante una conversación, repite: *Ahora estoy aquí, viviendo este momento*. Respira hondo. Sé consciente de la persona que tienes delante y vuelve a escucharla. Deja que este objeto te recuerde de manera natural volver al presente. Te distraes por un minuto, notas que tienes la cabeza en otra parte y vuelves a prestar atención.

Al distraerte y estar atento de nuevo, vuelves constantemente al presente una y otra vez, centrándote en la conversación y siendo consciente de sus necesidades. Estar presente es lo primero que necesitas para escuchar bien a otra persona. Lo segundo es ser capaz de ver la situación desde su punto de vista.

Observa la situación desde el punto de vista de la otra persona

Recientemente tuve una clienta cuyo marido viajaba a menudo por asuntos laborales. La mayor parte de la semana estaba fuera de casa y ella era la que se ocupaba de sus dos hijas. Con el paso del tiempo encontró una rutina para las niñas que hizo que los días y las noches que pasaba sola fueran mucho más llevaderos y también la ayudó a tranquilizarse y a ser capaz de hacer las cosas por sí misma. Pero cuando su marido volvía a casa los viernes por la noche, alteraba la rutina y las niñas se excitaban con la novedad. Esta situación duraba todo el fin de semana. El lunes, volvía a aplicar las normas de nuevo. El poco tiempo que estaban juntos se lo pasaba echándole en cara sus acciones y él sus reacciones.

Por suerte dejaron de discutir. ¿Por qué? Porque ambos se tomaron un minuto para ver la situación desde el punto de vista del otro. Él reflexionó sobre cómo ella se pasaba la semana siguiendo una rutina que les funcionaba a las niñas y él la destruía de golpe al llegar a casa como un derviche girador. Al ponerse en la piel de su mujer se dio cuenta de que lo que él hacía la sobrepasaba. Ella también vio que su marido había estado trabajando duramente toda la semana sin poder ver a su familia y que lo único que quería era volver a casa y jugar con sus hijas, dándoles amor a manos llenas y disfrutando de cada momento que pasaba con ellas, permitiendo incluso que se fueran a la cama más tarde de lo acordado.

En cuanto se pusieron en la piel del otro, pudieron mantener un diálogo afectuoso, sincero y provechoso. Ver la situación desde el punto de vista de la otra persona frena tus automatismos, dándote el tiempo y el espacio para decidir cómo responderás. Este espacio te permite controlar las reacciones automáticas que te genera.

Tal vez te cueste ver las cosas desde la perspectiva de otra persona, pero si no lo intentas, nunca lo conseguirás. A veces nos dejamos llevar hasta tal punto por nuestras reacciones automáticas de defendernos, atacar al otro o cerrarnos en banda que nos olvidamos de ser afectuosos y compasivos. Nuestra mente lo juzga todo a la menor oportunidad, pero al ponerte en la piel del otro interpretas mejor las palabras por lo que son: una expresión de lo que está viviendo o de lo que vivió en el pasado. Dándote cuenta de ello, ves sus acciones como un reflejo de lo que es y no te las tomas a pecho. La verdad nunca es algo personal, aunque a veces intenten presentárnosla de este modo.

¿Cómo puedes aprender a ver las cosas desde la perspectiva de otra persona? Dejándote de centrar en «ti», en «mí» y en lo «mío», pensando en las vivencias del otro y preguntándote si puedes ver esta situación de otra forma.

Cómo ver la situación desde la perspectiva del otro

Céntrate en «nosotros» en lugar de en «yo».

Piensa en las vivencias de la otra persona.

Pregúntate: ¿Cómo puedo ver la situación de otra forma?

Céntrate en «nosotros» en lugar de en «yo»

Vivimos la vida desde nuestra propia perspectiva. Pero aunque sea el único punto de vista que conocemos, eso no significa que seamos los únicos que tenemos altibajos. Ponernos en la piel del otro es un acto de compasión, y al hacerlo te das cuenta de que no eres el único que ha sufrido una pérdida o un desengaño, que estás ocupado y cansado después de un largo día, o que sientes cualquiera de las otras innumerables clases de sufrimiento de la vida cotidiana. Recuerda que todos queremos lo mismo: ser felices, ser comprendidos y no sufrir.

Imagínate que cada persona del planeta es un huevo que se mueve por el mundo con la cáscara resquebrajada, de la que rezuma dolor y dicha como lava. Así es nuestra vida: hendida, imperfecta y deseando todos lo mismo: ser vistos, escuchados y amados. Para ver la situación desde la perspectiva del otro debemos considerarle un igual. Estar dispuestos a fluir con el diálogo, a despojarnos de nuestras obsesiones con el «yo», el «mi» y lo «mío» y, en lugar de eso, pensar en nosotros. Cuando empiezas una conversación considerando que todos los implicados se merecen recibir tu amor y tu apoyo, estás preparado para escuchar sus experiencias y ver la situación con nuevos ojos.

🌸 Cultiva la comunicación

Intenta por un día no responderle a alguien usando «yo» «mí» o «mío» en una conversación. Si no lo has hecho nunca, te sorprenderá ver lo difícil que es. En general, evitar usar «yo», «mi» y «mío» y estar atento a cuándo lo haces te ayuda a dejar de ver las cosas solo desde «tu» punto de vista y a ponerte en la piel de los demás.

Piensa en las vivencias de las otras personas

En el primer capítulo he mencionado a mi mejor amigo, que murió ahogado en un río, y cómo su muerte me llevó a tomar el camino que ahora sigo. Lo que no he dicho es que fue también mi primer amor. Nos conocimos a los dieciocho años durante el primer año en la universidad. Yo era de Ohio. Él de Costa Rica. Como te imaginarás, veníamos de dos mundos distintos.

En aquella época raras veces intentaba ponerme en la piel del otro. Creía que él, y cualquier otro joven de mi edad, habrían vivido las mismas experiencias que yo o unas similares, pero estaba muy equivocada. Como tenía esta mentalidad, me costaba mucho entender por qué me decía que me amaba cuando le daba miedo comprometerse, o por qué en cuanto las cosas nos iban bien hacía a menudo algo para estropearlo.

Estuvimos juntos siete años y medio, y casi todas las peleas en las que nos enzarzamos fueron por esos temas. En retrospectiva, ahora sé que el hecho de que sus padres se divorciaran cuando era joven condicionó mucho sus acciones y reacciones. Pero en aquella época no lo vi. Aunque intentó desesperadamente que yo viera de dónde venía él, lo ignoré, ensimismada en mis propias experiencias e historias, decidida a no creerle. Ahora sé que para entender los actos de otra persona debo entender sus vivencias, y me doy cuenta de por qué hizo lo que hizo.

Aunque todos queramos lo mismo, no hemos vivido las mismas experiencias. Dicho esto, hay algunas cosas que tenemos en común: todos hemos sufrido una pérdida, momentos dolorosos e incluso una tragedia en algún punto de nuestra vida. Por eso, cuando mantienes una conversación con alguien, en especial si puede llegar a volverse tensa o incómoda, te sugiero que pienses en lo que esa persona ha sufrido. Aunque no conozcas los detalles, seguro que ha vivido su ración de desengaños, pérdidas, inseguridades y miedos. ¿Cómo lo sé? Porque nos ha pasado a todos. Es la condición humana. Al tenerlo en cuenta, sabrás hasta qué punto sus vivencias del pasado están condicionando sus palabras y sus interacciones sociales. Si lo tienes presente, te resultará mucho más fácil ser compasivo y escuchar a tu interlocutor con más atención, ya que cada persona tiene algo único que decirte. Cuando la escuchas de verdad, estás preparado para ver la situación desde su punto de vista.

✹ Cultiva la comunicación

Anota en tu diario los nombres de las personas de tu vida que te haya costado escuchar en el pasado o que te cueste escuchar en el presente. Al lado de sus nombres, escribe cómo puede haber sido su infancia, las dificultades por las que te imaginas que han pasado, y qué experiencias han afectado su visión del mundo. Si no dispones de esta información para hacer tus suposiciones, pon lo siguiente:

Esta persona ha conocido el sufrimiento y ahora desea ser amada.

Esta persona ha conocido el sufrimiento y ahora desea ser feliz.

Esta persona ha conocido el sufrimiento y ahora desea ser vista.

Esta persona ha conocido el sufrimiento y ahora desea ser escuchada.

Fíjate en si este ejercicio cambia tu forma de verlas. ¿Sientes su sufrimiento? ¿Sientes su deseo? ¿Ves su humanidad? ¿Notas que ahora te has empezado a abrir a una nueva imagen de ellas? Advierte si eres más capaz de escucharlas la próxima vez que os comuniquéis.

Intenta ver la situación desde otra perspectiva

Jill, una de mis clientas relacionadas con la comunicación, lleva más de veinte años trabajando para la misma compañía. Hace poco su jefe contrató a una pareja de nuevos empleados recién salidos de la universidad y les encargó ayudar a introducir en el mercado un producto de la compañía dirigido a un público más joven. Jill se dio cuenta, en las reuniones que mantuvo con estos nuevos compañeros, que se mostraba más combativa de lo habitual y que a la menor oportunidad decía cosas como: «Pues no podemos hacer esto porque…», o «A nuestros clientes no les gustará…» Y, además, también advirtió que sus reacciones hacían saltar a los nuevos empleados, que le devolvían la pelota con comentarios como: «Claro, esto que sugiere tal vez funcionara hace quince años…» o «Si supiera el aspecto que tenía la gente en aquellos tiempos, usted…» Como te imaginarás, el plan de su jefe de incluir también a un público más joven no estaba progresando.

Como Jill quería realmente que su compañía prosperara, incluido su jefe, sus compañeros de trabajo y los clientes, le pedí durante una de nuestras sesiones que se hiciera las siguientes preguntas: ¿Cómo puedo ver la situación de distinta manera? ¿Puedo ver las cosas desde la perspectiva de mis nuevos compañeros de trabajo? ¿Hay algo en esta situación que me dé miedo?

Mirando en su interior, enseguida se dio cuenta de que se sentía amenazada por los nuevos empleados. Al mismo tiempo, sabía que muchas de las ideas que estaban presentando eran típicas de la gente que no estaba familiarizada con su sector y que probablemente a los clientes de la compañía no les gustarían. Jill tenía que encontrar el equilibrio entre su miedo (inútil) y su experiencia (útil), y hasta ese momento había estado actuando impulsada por el miedo.

Al volver a observar la situación, empezó a ver las cosas de distinta manera. Decidimos que no era necesario hablar con sus compañeros de trabajo de las conversaciones que había mantenido o de sus descubrimientos interiores, y que cambiar su forma de comunicarse con ellos seguramente produciría el resultado deseado.

A la mañana siguiente, Jill se aseguró de reservarse unos minutos mientras estaba ante el escritorio para hacer el ejercicio respiratorio descrito en la página **98**. Así se fue a la reunión más tranquila y centrada, y se acordó de estar presente en esos momentos, escuchando atentamente las ideas de los otros compañeros.

Cambiando su perspectiva del «yo» al «nosotros», pensó que todos querían lo mismo: ayudar a más clientes y a la compañía sacándole un mayor partido a los productos que vendían en el mercado. Se imaginó el punto de vista de sus nuevos compañeros y recordó lo que había sentido al entrar a trabajar en una nueva empresa.

Seguir estos pasos le permitió escuchar las ideas de sus compañeros con otra mentalidad y cuando le tocó hablar eligió cuidadosamente las palabras que pudieran ser interpretadas como provechosas. Todas estas acciones crearon un espacio abierto e igualitario en el que compartir las ideas y me alegra decir que ahora Jill mantiene una relación laboral excelente con sus compañeros.

Cuando ves una situación desde la óptica de otra persona sabes que te estás desprendiendo del «yo», del «mí» y de «mi visión», por lo que conectas mejor con el deseo colectivo de las partes implicadas.

Ver las cosas desde el punto de vista de otro no significa claudicar o ignorar tus pensamientos y sentimientos, ya que renunciar a tu postura no es lo mismo que ponerte en su piel. Al ver las cosas desde su perspectiva, estás aceptando que esa persona es tu igual, y que su opinión es tan válida como la tuya.

Incluso en situaciones donde es imposible ponerse de acuerdo, cuando tu interlocutor se da cuenta de que estás intentando realmente ver las cosas desde su punto de vista, tienes la sensación de que la conversación está siendo productiva en lugar de no llevar a ninguna parte.

✺ Cultiva la comunicación

Las siguientes frases tan comunes le indican a tu interlocutor que no estás viendo realmente la situación desde su punto de vista.

- «No deberías sentirte así.»
- «Yo de ti no pensaría eso.»
- «Eso no fue lo que ocurrió, estás muy equivocado.»
- «¡Es de lo más absurdo!»
- «No tengo idea de lo que me estás hablando.»

Las siguientes frases indican que estás viendo las cosas desde su perspectiva. Intenta incorporar algunas en tu próxima conversación:

- «He escuchado lo que estás diciendo y te entiendo.»
- «Sé lo que quieres decir.»
- «Gracias por compartir esto conmigo.»
- «Me alegro de que me hayas dicho cómo te sientes a este respecto.»
- «Me alegro de que me hayas dado tu opinión. Ha sido de gran ayuda.»
- «Nunca me lo había planteado de este modo.»

Aprende a aceptar la verdad

Una de las cosas que más me cuesta escuchar de los demás es cuando alguien dice algo de mí que no me gusta y que en el fondo sé que es verdad. Si le interrumpo y reacciona diciéndome: «¿Puedes dejarme acabar?», tengo que morderme la lengua para no saltar. El otro día mientras conversaba con una amiga, ella me dijo: «¿Por qué te pones a la defensiva?» En cuanto lo oí noté que me hervía la sangre. Si le hubiera respondido en el acto estoy segura de que el fuego que habría salido de mi boca le habría chamuscado las cejas.

Cuando sientes que las críticas de alguien te hacen echar chispas, es un buen indicador de que son ciertas, al menos a algún nivel. La práctica de escuchar a los demás te invita a mirar en tu interior y a aceptar cualquier verdad que descubras. Las observaciones constructivas son en realidad un regalo, una información de ti que has sido incapaz de ver hasta ahora, y tienes que estar dispuesto y preparado para recibirlas.

Por ejemplo, cuando alguien me dice algo sobre mí que no me gusta, me sienta mal. Pero esta reacción me indica que realmente necesito escucharlo. He descubierto que si no lo hiciera mi mecanismo de defensa tomaría las riendas de la situación y entonces en lugar de ver la verdad, no exagerar, y no cotillear ni usar un lenguaje duro, actuaría yendo en contra de los cuatro elementos de la recta palabra, sin ni siquiera darme cuenta.

Pero la buena noticia es que en cuanto acepto la verdad y afirmo: «Tienes razón, he dicho algo hiriente», o «Has dado en el clavo, he sido una egoísta», mi mecanismo de defensa se desactiva. Admitir la verdad te permite liberarte y liberar tus conversaciones.

A veces quizá te incomode lo que alguien te dice y no acabes de ver si tiene o no razón. Incluso en estos casos he descubierto que lo mejor es responder algo como: «Entiendo tu punto de vista. Creo que necesito tomarme un tiempo para pensar en lo que me acabas de decir». No pasa nada por tomarte un tiempo para pensar y darte un espacio para asimilar la información que te ha ofrecido. Así podrás retomar la conversación con una mirada clara y en posesión de tus plenas facultades.

Aprender a descubrir y aceptar la verdad es una de las lecciones más difíciles. Cuando decidas aceptarla en lugar de negarla, quizás al principio te cueste una barbaridad o incluso te sientas violento. Quizá tengas que zafarte de unas reacciones automáticas muy arraigadas. La buena noticia es que cada vez que decides cambiar tu hábito poco sano de reaccionar, consigues que la próxima vez te resulte más fácil. Notarás que cuando dejas de ponerte a la defensiva al oír la verdad el rumbo de la conversación cambia para mejor.

¿Cómo puedes aprender a aceptar sin reservas la verdad? Siendo sincero con los demás y contigo mismo acerca de tus acciones, sin juzgarlas ni evaluarlas. Responsabilizándote de tus palabras, tus reacciones y tu conducta en ese momento. Al fin y al cabo, todos cometemos errores, por eso cuando ves en qué momento y ocasión has reaccionado de manera exagerada, te has puesto a la defensiva o has saltado como un resorte, sabes perfectamente que esos lapsus no reflejan directamente quien eres a todas horas. Quieres ser dueño de tu conducta para que tus palabras y actos sean congruentes. Aceptar la verdad de tus palabras y actos te permite empezar a detener el inacabable torrente de mentiras, exageraciones, chismorreos, juicios y lenguaje grosero que hiere en lugar de ayudar.

❀ Cultiva la comunicación

Escribe en tu diario algunos ejemplos de conversaciones anteriores en las que te haya costado aceptar la verdad. En vez de enojarte contigo mismo, intenta entender por qué has sido incapaz de aceptarla. ¿Con qué tenía que ver la situación en la que te resultó muy difícil, o incluso imposible, decir: «Tienes razón, yo...»?

Pregúntate ahora: ¿Si hubiera aceptado la verdad qué efecto habría tenido? ¿Habría cambiado el cariz de la conversación?

Durante mucho tiempo estuve luchando contra la verdad, negando que mis acciones o reacciones en un determinado momento fueran una parte de mí. Desaprobaba y rechazaba estas expresiones porque las interpretaba como la confirmación de que era una persona negativa, desacertada o menos valiosa que otra. Pero no me cansaré de repetir que haberte equivocado en una ocasión no significa que este acto represente quien eres siempre. Cuando conseguí aceptar la verdad, pude aceptar por fin todos los aspectos míos, sabiendo que lo importante no era juzgarme, sino entender por qué había dicho o hecho aquello.

A medida que sigas el tercer paso de aprender a escuchar a tu interlocutor, te resultará más fácil. El último paso es preguntarte si puedes serle de ayuda de algún modo.

Pregúntate si puedes serle de ayuda

Soy la primera en alzar la mano y admitir que les he complicado la vida a algunas personas sin ninguna necesidad. Por ejemplo, cuando alguien estaba hablando de sí mismo y de sus necesidades, yo le interrumpía para hablar de mí. No le escuchaba, tergiversaba siempre sus palabras y si no me gustaba lo que oía, suponía que me estaba juzgando, criticando o atacando de algún modo. Nunca tenía en cuenta su punto de vista, solo me centraba en mis propios deseos, miedos e inseguridades. Equiparaba el reconocimiento de las bondades y virtudes ajenas con mi propia carencia de ellas.

¿Ves un patrón en esta historia? Me consideraba el ombligo del universo. Vivía hasta tal punto en mi cabeza, absorta en la misma cantinela, que no podía serle de ayuda a mi interlocutor; en realidad no le escuchaba.

En cuanto me di cuenta de que las conversaciones no eran un pedestal para echarme flores o castigar a los demás por mis inseguridades, me desprendí de una gran carga y empecé a escuchar a la gente. Al cambiar mi forma de comunicarme y conversar con el espíritu de un bodhisattva, he descubierto que puedo ser de utilidad si observo los sentimientos de mi interlocutor en lugar de fomentar una conducta destructiva y si estoy presente en la conversación, lo cual es lo más importante de todo.

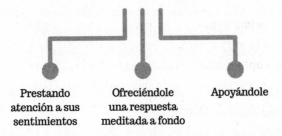

¿Cómo puedo serle de ayuda a mi interlocutor?

Prestando atención a sus sentimientos

Ofreciéndole una respuesta meditada a fondo

Apoyándole

Prestar atención a los sentimientos de los demás

Recuerda que en la primera parte aprendiste a dejar atrás tu historia y a fijarte en tus sentimientos. También has visto lo útil que es, pues sacar tus sentimientos a la luz es el primer paso para curarte. Lo mismo ocurre cuando escuchas a los demás, porque si puedes ayudar a tu interlocutor a saber lo que siente le habrás ayudado a empezar el proceso curativo.

A veces esto no cuesta demasiado. Como cuando al descolgar el teléfono descubres que es tu hermana la que está al otro lado de la línea y sientes en el acto su tensión y estrés. Como la conoces bien, notas enseguida que tiene un problema. Por ejemplo, quedé con una amiga en un café y en cuanto se sentó a la mesa vi que le pasaba algo. Le pregunté: «¿Cómo te va todo?» Esta sola pregunta hizo que, soltando una retahíla de palabrotas, me contara por qué no le iban bien las cosas en el trabajo, que tenía que lidiar con demasiada presión en un plazo de tiempo excesivamente corto como para sentirse bien y que estaba lista para renunciar al trabajo que llevaba diez años realizando. Esta fue la historia que me contó.

—¿Cómo te sientes? —le pregunté.

Hubo una pausa en la conversación. Noté que estaba buscando las palabras adecuadas para expresarlo.

—Cansada, agotada y agobiada —afirmó lanzando un suspiro.

Advertí que se había quitado un peso de encima con solo decirme cómo se sentía.

Antes de analizar mi método de comunicación, me habría lanzado de cabeza en su historia diciéndole probablemente algo como: «¡Serán imbéciles! ¿Es que no ven que te dejas la piel trabajando? Por cierto, ese jefe tuyo nunca me gustó. ¡Tienes toda la razón de estar furiosa!» Es fácil querer darle la razón para crear un lazo emocional con tu interlocutor y una sensación de pertenencia (como cuando chismorreas), pero si me hubiera limitado a centrarme en su dolorosa historia, no le habría sido de ayuda. Al invitarla a dejar de lado su historia para expresar sus sentimientos, la ayudé a empezar a asimilar lo que sentía en su interior.

Advertencia: aunque sea beneficioso ayudar a los demás a tomar conciencia de sus emociones si tienen dificultades para hacerlo por sí mismos, procura no quedarte atrapado en ellas. Si lo haces, tu papel como buen oyente disminuirá, porque en ese caso te costará mucho mantener la calma y por tanto serles útil.

La próxima vez que estés con alguien que se ha llevado un disgusto, advierte si sabe lo que está sintiendo o si solo está absorto en su propia historia. Si le ocurre lo último, pregúntale cómo se siente. Observa qué sucede si es capaz de expresarlo.

Ofrece una respuesta meditada a fondo

Lo siguiente para serle útil a tu interlocutor es decidir cómo le responderás cuando te pida tu parecer. Usando el ejemplo del último apartado, imaginemos que cuando mi amiga me explica sus problemas laborales, yo le respondo: «¡Que se vayan al diablo! ¡Déjalos colgados!»

Como te imaginarás, animarla a dejar el trabajo y hacerlo de esta forma no habría sido un buen consejo. Es otra razón por la que es importante no dejarse llevar por el drama de la historia, ya que cuando te quedas atrapado en él tiendes más a sugerir una reacción inconsciente que una respuesta consciente.

Como tu meta es ayudarle a aliviar su sufrimiento, quieres ofrecerle una respuesta meditada a fondo, unas palabras que fomenten la acción correcta en lugar de una conducta que le haga sufrir más.

El budismo nos enseña que ya tenemos todo lo que necesitamos en nuestro interior, pero yo creo que a veces debemos ayudar a nuestro interlocutor a dar con sus propias respuestas. Por esta razón los hábitos de una comunicación sana son tan beneficiosos.

Cultiva la comunicación

Cuando alguien te pregunte lo que opinas, una regla de oro es «compartir tu experiencia» en lugar de darle consejos. En vez de animar a mi amiga a dejar el trabajo, yo le diría: «Sé lo que es verte obligada a trabajar más de la cuenta. A mí también me ha pasado muchas veces. ¿Crees que es posible hablar con tu jefe y explicarle cómo te sientes?»

Al basar tu respuesta en tu experiencia, le serás de más ayuda.

Hazte las siguientes preguntas cuando te plantees dar tu opinión sobre un tema:

- ¿Se te ocurre una ocasión en la que aconsejaste a alguien sin tener los conocimientos necesarios para hacerlo? ¿Cuál fue el resultado?
- ¿Se te ocurre una ocasión en la que alguien compartió su experiencia contigo en lugar de darte consejos? ¿Cómo te hizo sentir eso?

Apóyale

Lo más importante que puedes hacer para ayudar a tu interlocutor es simplemente apoyarle. Escúchale con plena atención, mantente presente en la conversación, presta atención a lo que su corazón quiere contarte.

Apoyarle significa dejarle ser como es, sin juzgarle, sin ir con una idea fija, exagerar o quitarle importancia a cómo se siente. Significa escucharle mientras te expresa los momentos maravillosos de su vida y también los dolorosos. Significa preocuparte por esa persona y desearle lo mejor. A veces lo que más cuesta al escucharla es dejarle ser quien es. En algunas ocasiones queremos decirle muchas cosas o «solucionar» su problema, pero en la mayoría de los casos solo es necesario apoyarle. Estando presentes, siendo conscientes, escuchándole. Es la mejor forma de ayudarle. Apoyar a alguien no siempre significa usar palabras, en realidad hay una forma de comunicación que las trasciende. Apoyar a alguien es aceptarle con todas sus alegrías y penas. Al escucharle de verdad le estás transmitiendo: «Estoy aquí por ti. No estás solo».

Aquí tienes tres formas muy prácticas de mostrarle a tu interlocutor que le apoyas:

- Déjale hablar sin interrumpirle. (La mayoría de la gente escucha solo durante diecisiete segundos antes de interrumpir.)

- Establece contacto visual.

- Dale tu opinión o comparte tu experiencia solo si te lo pide.

✺ Cultiva la comunicación

Piensa en conversaciones del pasado en las que hayas presenciado la dicha o el sufrimiento de alguien. ¿Fuiste capaz de apoyar a esa persona? ¿De escucharla y compartir el gozo o el dolor? ¿De apoyarla escuchándola sin juzgarla ni ir con una idea fija? ¿De dejarla ser quien realmente es?

Estas herramientas adicionales te ayudarán a escuchar a tu interlocutor.

Establece contacto visual

Cuando hables con tus amigos, e incluso con el dependiente del supermercado, establece contacto visual. El contacto visual te ayuda a vivir el presente, centrarte en tu interlocutor y transmitirle que le apoyas.

Olvídate del móvil

En una conversación asegúrate de no estar consultando la información del móvil. Si tienes la costumbre de hacerlo constantemente, intenta prometerte que solo lo consultarás en ciertos momentos del día, por ejemplo a las nueve de la mañana y a las cuatro de la tarde.

Mantén la boca cerrada

Deja que tu interlocutor acabe de hablar antes de responderle.

Hazte preguntas

Cuando converses, toma una cierta distancia de vez en cuando para preguntarte: ¿Qué necesita esta persona? ¿Cómo puedo ayudarla a aliviar su sufrimiento? ¿Cómo puedo apoyarla?

Sé consciente de ti

Cuando converses con alguien, toma una cierta distancia de vez en cuando para preguntarte: ¿Le estoy juzgando? ¿Creo saber lo que me dirá a continuación? ¿Tengo la cabeza en otra parte? Si es así, simplemente acéptalo, deja de hacerlo y vuelve al presente.

Di la verdad

Si sabes que no podrás prestarle a alguien toda tu atención, dile que no es el mejor momento para hablar y pídele si podéis veros otro día, porque quieres ser capaz de centrarte al cien por cien en esa persona.

Usa palabras alentadoras

Puedes ser agradable sin necesidad de coincidir en todo lo que una persona te diga. La próxima vez que alguien comparta su opinión contigo, intenta usar una de las siguientes frases para demostrarle que le comprendes:

- «Te comprendo perfectamente».

- «Lo que me acabas de decir tiene sentido porque...»

- «Aunque no coincida contigo, te entiendo.»

Usa palabras empáticas

Es importante que tu interlocutor sienta que empatizas con él, de lo contrario se puede sentir malentendido, rechazado o ignorado. Procura usar estas frases para mostrarle que te estás tomando en serio lo que te está diciendo:

- «Supongo que te sientes/te sentiste...»

- «Sé que te sientes...»

Con toda la información que te he dado espero que a estas alturas veas lo importante que es escucharte y escuchar a los demás para comunicarte mejor. Solo cuando sepas escucharte y escuchar a los demás de manera afectuosa, sincera y provechosa, sin juzgar, podrás empezar a hablar de un modo que los demás puedan escucharte. Significará que estás preparado para pasar a la siguiente fase: el lenguaje mindful.

En el siguiente capítulo aprenderás que aunque un budista sepa que solo es responsable de lo que dice (no de lo que los demás oyen), se asegura de elegir las palabras con acierto para que el receptor las oiga y entienda mejor.

Recuerda

- Para escuchar a los demás: mantente presente, ve las cosas desde su punto de vista, acepta la verdad y averigua si puedes serle de utilidad de algún modo.

- Para estar presente: despéjate mentalmente. Sé consciente del momento que estás viviendo.

- Para estar presente en una conversación: centra tu atención, limita las distracciones, repara en ellas sin juzgarte y vuelve a prestar atención.

- Para ver las cosas desde la perspectiva de otra persona: deja de centrarte en «ti» para hacerlo en «nosotros», piensa en las experiencias de tu interlocutor y pregúntate cómo puedes ver esta situación de distinta forma.

- Para aceptar la verdad: sé sincero contigo mismo y con los demás sobre tus acciones, sin juzgarlas ni evaluarlas. Responsabilízate de tus palabras, tus reacciones y tu conducta en ese momento.

- Para serle de ayuda a otra persona: presta atención a sus sentimientos, ofrécele una respuesta meditada a fondo y apóyale. Recuerda que tu papel no es resolverle sus problemas; simplemente crea el espacio para que los solucione por sí mismo.

El lenguaje mindful

En cuanto hayas perfeccionado el arte de escucharte y de escuchar a los demás, estarás preparado para procurar hablar de forma plenamente consciente. El lenguaje mindful consiste en prestar atención a tus palabras sin juzgarlas. Significa cobrar conciencia de lo que dices y cómo lo dices. Eliges tus palabras con acierto y hablas de manera consciente, concisa y clara para que tu interlocutor te oiga y entienda mejor. En el budismo el silencio se considera parte del lenguaje, lo que significa que también te fijas en cómo usas los silencios en una conversación.

Hablar de manera consciente, concisa y clara

*Haz cualquier actividad con la intención
de hablar para que la otra persona pueda oírte en
lugar de usar palabras que le hagan ponerse
a la defensiva y cerrar los oídos.*

PEMA CHÖDRÖN

En el contexto de la comunicación, las palabras son la herramienta principal que usas para expresarte. El uso de las palabras implica una gran responsabilidad. Se pueden usar para crear armonía o para crear sufrimiento. Cuando hablas irreflexivamente te acostumbras con facilidad a mentir, a exagerar, a chismorrear y a usar un lenguaje que no es provechoso. Pero cuando eres dueño de tus palabras, ves la gran responsabilidad que traen aparejadas y entiendes que tu forma de hablarte y de comunicarte con los demás puede aliviar el sufrimiento ajeno y cambiar para mejor tu vida y la de las personas con las que te relacionas.

Como eres responsable de las palabras que eliges, tu meta en la senda del bodhisattva es encontrar las que creen una sensación de calma y de buena voluntad. Además, te aseguras de expresarlas con destreza para que tu interlocutor te oiga y entienda mejor. Por esta razón decides expresarte de un modo que los demás no se sientan criticados, juzgados o atacados. He descubierto que puedes conseguir todo esto si hablas teniendo en cuenta las tres ces de manera consciente, concisa y clara.

Al ser consciente de las palabras que eliges, y usar solo las que necesitas, expresándote con claridad, mejoras enormemente tu forma de comunicarte. Y esto es aplicable a conversaciones de toda índole, desde las que mantienes en la vida cotidiana hasta las conflictivas y delicadas.

Cómo hablar a los demás de manera

consciente

concisa

clara

Habla de manera consciente

Todos hemos dicho algo de lo que nos hemos arrepentido. Tanto si fue durante una discusión, en respuesta a una crítica, o incluso en una broma que llegó demasiado lejos, aparte de sentirnos fatal por lo que dijimos, sabemos que hemos herido a alguien. Es en esos momentos cuando nos damos cuenta de lo poderosas que son las palabras.

Si empiezas a prestar atención consciente a las palabras que eliges antes de pronunciarlas, las elegirás con acierto antes de que sea demasiado tarde. Cada momento te presenta una oportunidad para elegir de forma consciente tu manera de expresarte. Puedes elegir palabras que fomentan un ambiente de apertura, entendimiento y paz u otras que crean estrés, la sensación de falta de aprecio y ansiedad.

El primer paso para ser consciente de tus palabras consiste en hablar con más sosiego.

Habla sosegadamente

El otro día dormí más de la cuenta en casa de mi hermana.

—¿Has dormido bien? —me preguntó entrando en mi habitación por la mañana.

—Hacía mucho calor, pero después de dar unas cuantas vueltas en la cama conseguí dormirme —le respondí sin pensármelo.

—¡Lo siento! —exclamó.

—¡Oh, no! No pasa nada, de verdad. He dormido muy bien —insistí.

No quería crear una situación que la hiciera sentirse mal, pero como no me paré a pensar lo que le respondería, mis palabras le afectaron. Podía haberlo evitado si hubiera pensado más en lo que le iba a decir en lugar de soltarle lo primero que se me ocurrió.

❋ Cultiva la comunicación

Piensa en una situación en la que dijiste algo sin pensarlo. ¿Qué efecto le produjo a tu interlocutor?

Si te hubieras parado a pensar lo que ibas a decir o a responder, ¿habrías dicho otra cosa?

Cuando les pido a mis clientes que hablen sosegadamente, suelen responderme: «¿Me estás pidiendo que haga una pausa antes de decir algo?» Y yo les respondo que sí. ¿Por qué? Porque gran parte de lo que sale de nuestra boca no es provechoso, necesario ni amable. Cuando hablas con sosiego tienes tiempo de evaluar si lo que estás a punto de decir realzará o mejorará la situación. Si la respuesta es no, mejor no decir nada. Si la respuesta es sí, significa que la pausa te permite pensar cómo te expresarás de la mejor manera. Tal vez te parezca difícil hacerlo, pero cuanto más lo practiques, con más naturalidad te saldrá. No tardarás en darte cuenta de que tomarte tu tiempo antes de hablar para no soltar algo de lo que más tarde te arrepientas se habrá convertido en lo más natural para ti.

Saber distinguir una buena respuesta de un mero reconocimiento significa que tienes que cambiar el ritmo de la conversación. Para bajar el ritmo deja un espacio entre tus pensamientos y tus palabras. Esto te ayudará a elegirlas de forma consciente. A mí me gusta planteármelo de este modo: hago una pausa, respiro, y me formulo estas preguntas antes de decir algo: *¿Es cierto? ¿Es amable? ¿Es provechoso?* El proceso consiste más o menos en lo siguiente.

Antes de hablar

Haz una pausa

Respira

Pregúntate en tu interior

¿Es cierto lo que voy a decir?

¿Es amable lo que voy a decir?

¿Es provechoso lo que voy a decir?

✺ Cultiva la comunicación

Antes de decir algo intenta hacer una pausa, respirar y formularte las tres preguntas. No olvides que lo importante es sosegarte antes de hablar. Fíjate en si te comunicas con la gente de otra forma al hacerlo.

Veamos otro ejemplo de cómo funciona en la vida real. Pongamos que estás en el supermercado, delante de la caja, a punto de irte. La cajera te pregunta: «¿Ha encontrado todo lo que necesitaba?» Tú estás en un tris de responderle: «No, no he encontrado el humus que me gusta y he tenido que coger uno de otra marca. Espero que me guste, ya veremos». Pero de pronto haces una pausa, respiras hondo y te preguntas: *¿Es cierta esta respuesta? ¿Es amable? ¿Es provechosa?* Y aunque puede que sea verdad, te das cuenta de que digas lo que digas, la situación no mejorará. Así que decides responder: «Sí, gracias».

Si bajas el ritmo de la conversación haciendo una pausa, respirando y formulándote las tres preguntas antes de hablar, tendrás el tiempo necesario para elegir tus palabras con acierto. Recuerda que es más fácil empezar a seguir estos pasos en diálogos breves como el del ejemplo que he puesto. En cuanto tu nueva habilidad para comunicarte se haya convertido en un hábito, podrás utilizarla en situaciones más delicadas o que podrían llegar a ser estresantes.

Bajar el ritmo es uno de los métodos para ser consciente de tus palabras cuando te comunicas con los demás. La siguiente técnica para lograrlo es aprender de qué eres o no responsable en una conversación.

De qué eres responsable

No olvides que un bodhisattva oye los llantos del mundo y actúa para aliviar el sufrimiento. En el contexto de la comunicación, un bodhisattva elige sus palabras cuidadosamente para que su interlocutor las entienda y le sean de utilidad.

Dicho esto, es importante recordar que aunque hagas lo posible para ser consciente de las palabras que eliges y de cómo las usas, en realidad no eres responsable de cómo la otra persona reacciona a ellas. Tú eres dueño de tus palabras, pero no puedes controlar cómo las interpretará.

Curiosamente, lo contrario también es cierto. Los demás no tienen el poder de «hacerte saltar» con sus palabras a no ser que tú se lo permitas. Si alguien te dice algo que no te gusta o incluso se mete contigo, y reaccionas emocionalmente (por dentro o por fuera), esta reacción no es más que tuya, y tú eres el único responsable de ella. No reaccionar a las palabras de alguien es una de las cosas más difíciles, y son muy pocas las personas, por no decir nadie, que lo consiguen a la perfección a todas horas. No me extenderé más porque este no es el tema del libro, pero me ha parecido necesario mencionarlo. Lo más importante es ser consciente de lo que puedes o no controlar cuando te comunicas.

En una conversación hay tres elementos: el que habla, el que escucha y la conversación. Lo que tienen en común el que habla y el que escucha es la conversación. Cuando hablas, eres responsable de tus palabras, tus actos y tus reacciones. Cuando escuchas, eres responsable de lo mismo. Mantener el equilibrio no es fácil, sobre todo cuando es necesario decir algo que probablemente a tu interlocutor no le gustará o no querrá oír.

Por ejemplo, después de mantener hace un tiempo una conversación difícil con una amiga, le expliqué que necesitaba tomarme un día para reflexionar sobre lo que me había dicho y le pedí si podíamos retomarla al día siguiente. Ella accedió, pero cuando nos encontramos al día siguiente noté que estaba incluso más enojada que el día anterior. Empezó la conversación diciéndome algo como: «Creo que ayer fuiste una egoísta. Me dijiste que necesitabas tomarte tu tiempo para reflexionar sobre ello y que preferías que siguiéramos hablando al día siguiente. Y me arruinaste el día, porque me quedé tan preocupada y disgustada por la conversación que no me pude concentrar en nada».

No me gustó que mis palabras la hirieran, pero también sé que yo no fui responsable de su reacción. Solo lo fui de mis palabras y de la conversación, y al tomarme un tiempo para aclararme las ideas, sabía que al día siguiente podría seguir conversando con la cabeza clara para expresarme de manera sincera, amable y provechosa. Si no lo hubiera hecho, la conversación no habría sido útil para ninguna de las dos. La pospuse para el día siguiente para mejorar las cosas y crear un ambiente sincero y amable mientras hablábamos de temas delicados.

«Veo que estás disgustada y lo lamento —le respondí—. Cuando te pedí que aplazáramos la conversación no lo hice para herirte, sino para pensar con más calma en los temas importantes tan de los que ayer hablamos. Tú me importas mucho y solo quiero lo mejor para ti. ¿Crees que es posible que hablemos de estas cosas ahora y que encontremos una solución?»

En cuanto reconocí que mi amiga estaba disgustada y le expliqué mi postura de nuevo, estuvo preparada para retomar la conversación del día anterior. Ten en cuenta que no le respondí señalándole que: 1) ella había estado de acuerdo en aplazarla, y 2) que era ella la que había dejado que el aplazamiento le «arruinara el día» y que su decisión no tenía nada que ver conmigo. Esta clase de respuesta no era necesaria ni habría sido provechosa ni afectuosa. De habérselo dicho, aún se habría enojado más, por lo que no habríamos podido mantener una comunicación sana.

«Solucionar» los problemas ajenos

Hubo una época de mi vida en la que creía ser responsable de «solucionar» los problemas de otras personas y las ayudaba a salir de cualquier depresión en la que hubieran caído. Cuanto más asumía el papel de «salvadora», más personas acudían a mí en busca de ayuda. Desempeñé tan bien este papel que incluso me vi obligada a escuchar a las personas que me aireaban su frustración por cualquier cosa que les estuviera pasando en la vida. Como te imaginarás, no estaba creando con mi actitud un terreno abonado para las conversaciones sanas.

Lo que aprendí es que si una persona tiene un mal día o está pasando una mala época, no hay nada malo en intentar hacer que se sienta mejor mientras no olvides que al fin y al cabo es ella la que ha de ver cuál es el origen del problema y decidir qué hará para sentirse mejor. Es la única que puede aprender a aliviar su sufrimiento. Tú puedes reconocer su dolor, ser su pañuelo de lágrimas, escuchar su sufrimiento, pero es ella la que debe resolverlo y, además, tampoco está en tus manos hacerlo.

Cuando comprendes de qué eres o no responsable en una conversación, puedes elegir a conciencia las palabras que os ayuden a la otra persona y a ti a evitar los conflictos y que favorezcan un diálogo sano. Por ejemplo, a continuación encontrarás varias interacciones y rumbos que pueden tomar las conversaciones, en las que cada uno de los implicados sabe de lo que es o no responsable.

Después de hablar por teléfono con su novio, Sally va a reunirse con sus amigas.

—¿Qué te pasa? —le preguntan.

—Jake se ha quedado sin trabajo. Y estaba tan disgustado cuando hablamos por teléfono que empezó a cabrearse conmigo sin razón alguna —responde Sally.

—¿Y tú qué le dijiste? —le preguntan sus amigas.

—Intenté animarlo, pero se cerró en banda —prosigue ella manteniendo un diálogo poco sano—. Al final se puso tan furioso que me colgó dejándome con la palabra en la boca. Estoy muy dolida y disgustada.

En un diálogo sano Sally habría dicho:

—Le dije que podía contar conmigo si me necesitaba, pero como sabía que Jake no estaba de humor para seguir conversando, le recordé que me tenía que ir.

Has estado trabajando duramente en tu presentación para unos clientes. Después de darla, te dicen:

—No es lo que estamos buscando. Esperábamos que nos mostrara algo que nos situara a la cabeza del mercado dejando muy atrás a nuestros competidores.

En un ejemplo de diálogo poco sano, respondes:

—Si me hubieran dado más indicaciones, habría sido capaz de ofrecerles lo que desean. Soy un gran profesional, pero no leo la mente.

Si mantuvieras un diálogo sano, dirías:

—¿Pueden explicarme un poco más su visión? Quiero entender mejor el espíritu de la compañía para crear un producto único que les ayude a alcanzar sus objetivos.

Esta noche estrenas una obra en el teatro y estás entusiasmada. Llamas a tu madre.

—¿Estás preparada? —se apresura a preguntarte.

Diálogo poco sano:

—¿Por qué no habría de estarlo? —le sueltas—. Es la noche de estreno.

—Estupendo. Es que me he acordado de que la última vez te olvidaste de parte de los parlamentos de tu papel.

—¿Por qué me lo has recordado? ¡Ahora voy a estar preocupada toda la noche!

Diálogo sano:

—¡Sí, lo estoy!

—Estupendo. Es que me he acordado de que la última vez te olvidaste de parte de los parlamentos de tu papel.

—Sí, no lo he olvidado, por eso esta vez me lo he preparado mejor.

🌸 Cultiva la comunicación

Antes de ir a la siguiente reunión o de mantener una conversación importante, responde a las siguientes preguntas:

- ¿Cuál es tu intención u objetivo en la conversación?
- ¿Qué cuestiones quieres tratar?
- ¿Qué quieres saber o aprender de la/s otra/s persona/s?

Escribir tus objetivos, lo que esperas comunicar y lo que quieres saber o aprender, te permite centrarte más fácilmente en mantener un diálogo sano y productivo. Saber eliminar las distracciones innecesarias en una conversación te ayuda a ser sincero, conciso y a no juzgar, por lo que a tu interlocutor le resultará más fácil oírte y entenderte.

Saber de lo que eres responsable en una conversación te impide caer en los antiguos hábitos de comunicación que fomentan sufrimiento. El siguiente gráfico te ayudará a recordar de qué eres responsable en una conversación.

En una conversación eres responsables de

HABLANTE — OYENTE

- Tus palabras
- Tus actos
- Tus reacciones
- Tus pensamientos
- Tus sentimientos
- Tu silencio

Conversación sana

- Tus palabras
- Tus actos
- Tus reacciones
- Tus pensamientos
- Tus sentimientos
- Tu silencio

Si no bajas el ritmo ni sabes de lo que eres o no responsable, te costará elegir las palabras de manera consciente en una conversación. Cuando no eres consciente de tus palabras tiendes a dejarte llevar más por reacciones automáticas que van en contra de los elementos de la recta palabra.

🌸 Cultiva la comunicación

Durante los próximos días observa en las conversaciones cuándo alguien intenta responsabilizar a otra persona de sus propias reacciones. Si ves la televisión o una película, fíjate cuando los personajes de la pantalla también lo hacen. La cuestión no es juzgar su conducta o señalar con un dedo acusador a nadie, sino simplemente empezar a darte cuenta de cuándo lo hace la gente; así te resultará más fácil reparar en ello cuándo lo hagas tú.

Habla de manera concisa

Si has conversado alguna vez con un novelista o un guionista, tal vez hayas oído hablar de la idea de poner límites a un relato. Cuanto más límites pone el escritor, más fácil le resulta no solo contar la historia, sino que los lectores también la entienden mejor. En las conversaciones cotidianas ocurre lo mismo. En nuestro mundo nos parece que más es mejor, pero en lo que respecta a la comunicación, cuanto más parcos seamos con nuestras palabras, con más claridad nos expresaremos.

Otro beneficio práctico de hablar de manera concisa tiene que ver con el apartado anterior, ya que cuantas menos palabras uses, más tenderás a elegirlas de forma consciente. Por lo que te resultará mucho más fácil evitar mentir, exagerar, chismorrear o decir algo que no sea provechoso.

Lo más curioso es que aplicar los elementos de la recta palabra te ayuda de manera natural a hablar con concisión. Observa algunos de los siguientes ejemplos y fíjate en que las respuestas más concisas son siempre las que se ajustan a los elementos de la recta palabra.

Pregunta	No se ajusta a los elementos de la recta palabra	Afín a la recta palabra
¿La próxima vez podrías vaciar la tetera después de preparar el té?	No la he vaciado porque la voy a volver a usar. Solo contiene agua. ¿Cuál es el problema?	Sí.
¿Puedes ocuparte de preparar la cena esta noche?	No puedo porque tengo que ir a recoger a una amiga al aeropuerto. Tiene problemas con su marido y le he dicho que la iría a buscar.	Esta noche no puedo, pero lo haré cualquier otro día de la semana.
Tengo entradas para un concierto el próximo fin de semana. ¿Quieres ir?	A mí los conciertos me encantan, pero creía que a ti no te gustaba la música en vivo.	Sí, genial. ¡Gracias!
Tengo que dejar de comer tanto.	Yo también. Me siento como si hubiera ganado mucho peso la última semana.	(No dices nada).

Filtrar tus palabras a través de los cuatro elementos de la recta palabra te ayuda a controlarlas.

Esto parece estupendo en teoría, pero en la práctica ¿cómo lo aplicas, sobre todo en los temas peliagudos? Pues aprendiendo a eliminar la paja de la conversación.

Elimina la paja

Antes mencioné que la parquedad en las palabras te permite expresarte mejor. Esto es así porque al usar menos palabras puedes elegir conscientemente las que describen con más precisión cómo te sientes, y cuando eres conciso a tu interlocutor también le resulta más fácil entenderte y responderte.

Echa un vistazo a las siguientes frases y averigua si se te ocurre alguna forma de acortarlas para que sean más claras.

- No llevaremos a los niños a la boda porque nos complicarían la vida.

- ¡A ver si esta mujer se decide de una vez! Quiero pedir la comida.

- Tienes que acabar hoy el trabajo, si no el jefe te va echar una bronca.

A continuación aparecen las mismas frases, pero las palabras que no mejoran el diálogo están entre corchetes.

- No llevaremos a los niños a la boda
  [porque nos complicarían la vida].

- [¡A ver si esta mujer se decide de una vez!]
  Quiero pedir la comida.

- Tienes que acabar hoy el trabajo
  [si no el jefe te va echar una bronca].

Además de eliminar lo que no se ajusta a las reglas de la recta palabra, también se han eliminado las partes que podrían distraer a tu oyente e impedir que te entendiera bien. Al hablar con concisión, tanto a ti como a los demás os resulta más fácil centraros en lo que es importante.

✺ Cultiva la comunicación

Piensa en una situación en la que al hablar más de la cuenta tu interlocutor no acabó de entenderte o quizá se sintió herido u ofendido por tus palabras. Si hubieras aplicado los elementos de la recta palabra en esta situación, ¿qué partes de la conversación habrían cambiado?

Habla con claridad

En la revista *Pickles* aparece una viñeta de Brian Crane en la que Opal le pide a Earl, su marido, que desatasque el fregadero de la cocina. Earl le responde que lo hará ASAP. Opal exclama: «¡Genial!» Pero cuando su nieto le pregunta qué significa ASAP,[2] Earl le responde: «Al final de Setiembre, en Agosto, Probablemente».

Aunque mucha gente sabe lo que significa ASAP, sigue siendo un término un tanto vago. «Lo antes posible» puede

---

2. ASAP es el acrónimo de «As Soon As Possible» [lo antes posible]. Suele usarse en Internet en los mensajes de texto y en los correos electrónicos. *(N. de la T.)*

significar para ti «cuando tenga tiempo», y para otra perso-na, «inmediatamente», «antes de hacer cualquier otra cosa».

El lenguaje vago crea ambigüedades, y si estas no se acla-ran en las conversaciones, más adelante nos pueden crear mal-entendidos que podríamos haber evitado de haber planeado y meditado antes un poco lo que íbamos a decir. ¿Cómo puedes expresar lo que necesitas claramente para que la otra persona te entienda? Diciendo lo que quieres decir, pidiendo lo que necesitas y yendo al grano.

Di lo que quieres decir, pide lo que necesitas y ve al grano

Mientras Bryan y yo estábamos en el restaurante de un aero-puerto esperando nuestro vuelo a las Vegas, me dijo que que-ría mirar al día siguiente por la mañana un partido de hockey. «El partido empieza a las once. Son las finales. Es muy im-portante.» Noté que me había sentado fatal y me empezó a hervir la sangre. Bryan captó mi reacción y me preguntó: «¿Estás enfadada?» En el pasado le habría dicho que *no*, mintiéndole, e incluso me habría cabreado más aún por no ser capaz de leerme la mente y de entender por qué estaba enojada con él.

Pero ahora, después de haber trabajado en mis proble-mas de comunicación, hice una pausa y respondí: «Sí, un poco, porque este es nuestro viaje a las Vegas y quería que pasáramos todo el tiempo juntos en lugar de que vieras por tu cuenta el partido de hockey. Ya sé que hace varios meses, cuando contratamos este viaje para el fin de semana, a ninguno de los dos se nos ocurrió que las finales de tu equipo de hockey favorito caerían en estas fechas, pero te entiendo ¡y espero que gane!» Le sonreí, él me sonrió, y volví a sentirme bien; el problema estaba zanjado.

En esta ocasión le expliqué exactamente cómo me sentía y por qué me sentía así. En cambio, en el pasado, le habría mentido y me habría contado a mí misma una historia sobre cómo era posible que no notara que estaba disgustada. Y todavía me habría enojado más al ver que no se daba cuenta.

Bryan, por su parte, empleó la siguiente herramienta para hablar con claridad: me pidió la información que necesitaba. Es decir, me preguntó si estaba enfadada porque él quería ver el partido, y esto creó el ambiente idóneo para seguir conversando con franqueza. Imagínate si hubiera hecho lo contrario, si en lugar de preguntarme si estaba enfadada, se hubiera enojado, contándose a sí mismo una historia como la siguiente: «*¡No me puedo creer que se haya enfadado porque quiero ver el partido de mi equipo favorito!*», lo cual no era cierto. Yo estaba un poco molesta por ese par de horas que no estaríamos juntos en nuestras vacaciones, pero no me había llegado a enfadar. Si él no me lo hubiera preguntado, podría haber supuesto lo peor, exagerando la situación en su mente.

En su lugar se ocupó de su necesidad, de preguntármelo, y yo me ocupé de la mía, de responderle. Así los dos pudimos expresarnos con sinceridad en una situación que podría haberse complicado con mucha más facilidad de no haber sido tan claros.

Pedir lo que necesitas es una herramienta esencial para comunicarte con claridad e incluso puede llegar a cambiar tus relaciones. En muchas sesiones mis clientes, mientras me contaban que la conducta de un compañero de trabajo, de su pareja o de un amigo les estaba haciendo sufrir, se dieron cuenta de pronto que nunca le habían expresado que estaban dolidos o irritados, pues habían supuesto que la otra persona lo notaría, o creían que de algún modo era inapropiado pedirle lo que necesitaban. Pero si no incluyes el elemento esencial de pedir lo que necesitas, le estarás haciendo un flaco favor al otro y a ti mismo, porque podríais hacer mil y una suposiciones, y todas podrían ser falsas.

Después de pedir lo que necesitas, está en manos de la otra persona responderte, aceptar tu petición o no hacer ni una cosa ni la otra. Si hace el cambio que le has pedido, ¡estupendo! Y si no, de ti depende si decides aceptar esta clase de conducta en tu vida o si es necesario hacer otro cambio.

Las siguientes situaciones cotidianas te ilustran de qué manera pedir lo que necesitas marca una gran diferencia.

- Te sientes frustrada porque tu novio ha estado últimamente muy ocupado y apenas os habéis podido ver. Le dices: «Cuando cancelas nuestras citas en el último momento me siento frustrada. Sé que no lo haces aposta para molestarme, pero la próxima vez que la canceles ¿podrías avisarme con un día de antelación?»

- Te sientes ansioso en el trabajo porque un compañero te está pasando por delante en un proyecto y no estás seguro de algunos detalles de los que eres responsable. Le dices: «Cuando no me incluyes en tus correos electrónicos me siento excluido y quiero asegurarme de no perderme nada. Por favor ¿podrías a partir de ahora incluirme en los correos cuando los envíes a todo el grupo?»

- La vecina deja salir a su perro de casa cada mañana a las cinco y media, y el chucho no para de ladrar, despertándote. Una tarde llamas a su puerta y le dices: «No sé si lo sabe, pero su perro cuando sale al jardín me despierta cada mañana. ¿Podría si es posible no dejarlo salir hasta las siete de la mañana?»

Para expresar lo que necesitas con claridad es fundamental exponerlo. Pero también tienes que asegurarte de ser concreto.

Ve al grano

He empezado esta sección con la anécdota sobre una viñeta y los distintos significados de ASAP. (Tengo un amigo que dice que para él ASAP significa «en algún momento antes de que me muera»). Al ir al grano cuando te comunicas, tanto si eres el que pide algo como el que responde a ello, reduces las posibilidades de dar pie a malentendidos.

Imagínate, por ejemplo, que en tu barrio hay un perro que ladra por la madrugada. Decides ir a ver a la vecina y le dices simplemente: «¿Podría dejar salir al perro un poco más tarde por la mañana?» Ella accede, creyendo que las seis y cuarto es «un poco más tarde por la mañana». Pero tú estabas pensando en las siete. Cuando eres concreto en tus diálogos te ahorras cualquier malentendido que pudiera causarte problemas.

Esta clase de ejemplos son los más fáciles de ver y de aplicar, y al poner en práctica lo de ir al grano tu forma de comunicarte mejora enormemente. Veamos algunos ejemplos un poco más sutiles.

Tengo una antigua amiga con la que me topaba cada seis meses más o menos y el intercambio que manteníamos siempre era el mismo. Pasábamos varios minutos poniéndonos al día, nos dábamos un abrazo, y luego nos despedíamos diciendo: «Me alegro de verte. A ver si nos ponemos al día más a menudo». La última vez que nos pasó le sugerí por fin: «¿Por qué no hablamos por teléfono o quedamos para tomar un café una vez al mes?» A mi amiga le pareció bien y al concretar y llegar a un acuerdo con ella, nuestra relación se ha vuelto más estrecha.

Otra frase vaga que me descubrí diciendo todo el tiempo era: «¿Quieres...?» en lugar de «¿Puedes...?» Por ejemplo, le decía a Bryan: «¿Quieres ayudarme a doblar la colada?» en lugar de «¿Me puedes ayudar a doblar la colada?» En la última frase expreso exactamente lo que deseo, en cambio la primera es más ambigua.

* *

✿ Cultiva la comunicación

* *

Ahora aplicarás estos tres elementos combinados. Piensa en algún tema que debas discutir con alguien. Puede ser algo importante o nimio. Anota en una hoja de papel lo que le quieres comunicar. Mientras lo haces, asegúrate de 1) decir exactamente lo que quieres decir, 2) de pedir lo que necesitas y 3) de ir al grano. Al incluir solo estos tres elementos no añades ninguna palabra superflua que pudiera distraerle del tema o hacerle poner a la defensiva.

Por ejemplo, tengo un amigo que lleva cada mañana a su hija adolescente al instituto. Como muchas veces ella no estaba lista cuando él la llamaba, llegaba tarde al trabajo. Decidió escribirle a su hija lo que necesitaba de este modo: «Cuando no estás preparada para ir al instituto me siento frustrado porque sé que llegaré tarde al trabajo. ¿Podrías estar lista a las 7:30 para irnos a las 7:45? Así llegaré puntualmente al trabajo».

Recuerda

Las tres ces de la comunicación para hablar de manera consciente, concisa y clara.

- Para hablar de manera consciente: baja el ritmo de la conversación (la cadencia, la respiración, las preguntas) y ten en cuenta aquello de lo que eres o no responsable en ella. (Eres responsable de tus palabras, actos y reacciones. No eres responsable de las palabras, reacciones y actos de la otra persona.)

- Para hablar de manera concisa: elimina la paja omitiendo cualquier cosa que no se ajuste a la recta palabra y que no mejore la conversación. Exprésate sabiendo cuál es tu objetivo y lo que deseas.

- Para hablar con claridad: di lo que quieres decir, pide lo que necesitas y ve al grano.

* *
🌸 Cultiva la comunicación
* *

Repite esta afirmación cada mañana durante una semana: «Hoy hablaré de manera consciente, concisa y clara».

Para expresarte bien tienes que ser consciente, conciso y claro. Aplicar las tres ces te permite evitar hacer suposiciones y conjeturas mientras te comunicas con los demás. En este capítulo has aprendido a mejorar tus conversaciones a través de las palabras. En el siguiente aprenderás a usar el silencio con el mismo fin.

CUARTO PASO

Utiliza el lenguaje
del silencio

Sin decir nada... a veces se dice todo.

EMILY DICKINSON

Recuerdo que en una ocasión, siendo una adolescente, me enfadé porque mi madre había llegado cinco minutos tarde a recogerme con el coche a clase de ballet. Mientras volvíamos a casa, me preguntó: «¿A qué viene esa cara?» Me puse a mirar el paisaje por la ventanilla, sin responderle. «¿No me has oído?», insistió. Sin abrir la boca, me crucé de brazos; estaba furiosa.

Esta no es la clase de silencio que recomendaré en este capítulo.

Bromas aparte, el silencio sigue jugando un papel primordial en la manera en que me comunico con los demás, pero ahora me resulta mucho más útil. En el pasado lo usaba sobre todo para recalcar que una situación no me gustaba en absoluto. Solo después de empezar a conocer la comunicación mindful pude descubrír lo útil que podía ser el silencio en una conversación. Cuanto más observaba mi silencio, más lo veía por lo que es: un lenguaje en sí mismo. En esta parte aprenderás a mejorar tus conversaciones con el lenguaje del silencio en lugar de usarlo para enrarecer el ambiente.

Es decir, puedes usar el silencio para expresar compasión e intimidad, para equilibrar una conversación y ser útil. De este modo el silencio se convierte en una parte de la recta palabra en lugar de ser una herramienta para herir.

El silencio como compasión e intimidad

Cuando era más joven había una frase que oía mucho: «Le está haciendo el vacío con su silencio». «¡Oh, ella le está haciendo a su novio el vacío con su silencio», decía alguien, y el quid de la cuestión era que estaba enfadada o disgustada y, de algún modo, «hacerle el vacío con su silencio» era un método eficaz para hacerle ver a él que estaba enojada y dolida.

Esto era lo que yo interpretaba como una técnica de comunicación eficaz cuando estaba en primaria. Tal vez creas que hacerle el vacío a alguien con el silencio ya ha desaparecido junto con otros malentendidos de la juventud, pero simplemente ha cambiado de nombre. En la actualidad se considera esta actitud un aspecto de la conducta pasivo-agresiva, o bien una herramienta que utilizamos para herir, acusar y castigar a alguien. ¿Recuerdas el gráfico de antes?

Finjo que no me importa que mi pareja salga con sus amigos en lugar de acompañarme a una cena familiar. (Estoy mintiendo.)

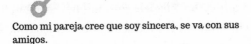

Como mi pareja cree que soy sincera, se va con sus amigos.

Como estoy enojada porque se ha ido con los amigos, cuando vuelve a casa me muestro pasivo-agresiva, diciéndole que no me pasa nada. De verdad. Que estoy bien. (Vuelvo a mentir.)

Los dos sufrimos. Yo sufro porque no consigo lo que quiero. Él sufre porque ahora le trato mal.

El primer paso es fijarte en cómo usas el silencio en tus conversaciones, sobre todo en las estresantes o incómodas. Si te das cuenta de que lo utilizas para herir a alguien, te resultará más fácil cambiar de conducta. En lugar de caer en tus viejos hábitos, puedes estar presente en la conversación y reconocer los sentimientos que hay detrás de tu silencio. Puedes decidir compartirlos en ese momento o esperar e intentar ver la situación desde el punto de vista de la otra persona, y preguntarle luego cómo se siente. En cualquier caso, usas el silencio para profundizar la conversación en lugar de quedarte atrapado en las aguas poco profundas del desprecio. Ves el silencio en una conversación como una oportunidad de contemplarle con afecto, considerando esos espacios silenciosos que se dan en un diálogo como una oportunidad para sentir amor y bondad, en vez de desearle en silencio dolor y sufrimiento a alguien. Al contemplarle con afecto, tu silencio deja de ser una herramienta de la ira y se convierte en un medio para la compasión. Al principio te costará un poco usar el silencio de este modo, pero cada vez te irá resultando más fácil, y al final te acostumbrarás a ver el silencio como una oportunidad para ser compasivo.

El silencio como equilibrio

El dia en que me di cuenta por primera vez de que podía usar el silencio para crear un equilibrio en las conversaciones me encontraba con una amiga mía en Valencia (España). Las dos estábamos leyendo, tumbadas en la playa, bajo el brillante sol, con el agua pulverizada de las olas enfriando el aire de vez en cuando. Entonces, mi amiga se dio media vuelta para quedarse boca arriba, y me dijo de pronto: «Este libro es muy interesante». Esperé a que continuara, pero hizo una pausa.

Dejé el libro que estaba leyendo sobre la arena y me senté, preparándome para escucharla con más atención. Me empezó a hablar, pero hizo una pausa después de los puntos más importantes, lo cual me ayudó a concentrarme, escucharla y asimilar lo que me decía. También vi que al hacer esas pausas ella podía elegir mejor las palabras adecuadas para expresar lo que quería transmitirme. Esos momentos de silencio que creaba mientras hablaba me permitieron escucharla mejor, y la verdad es que fue el silencio lo que realmente me llamó la atención.

Cuando terminó de hablar me preguntó qué pensaba de lo que acababa de explicarme. Estas simples pausas me habían puesto en la onda para escucharla atentamente y el diálogo entre lo que ella opinaba y lo que yo pensaba se había dado con una asombrosa naturalidad. Me maravillé de lo fluida y equilibrada que había sido la conversación.

A partir de ese momento me enganché a usar lo que yo llamo espacios vacíos en una conversación, como un modo de pasar del yo al nosotros, recordándome que son dos las personas implicadas, y que se trata de una conversación y no de un monólogo. Usar estos espacios vacíos te ayuda a concentrarte en lo que quieres comunicar. Son un claro reconocimiento de la presencia de la otra persona en la conversación y una forma de mantener un diálogo compartido.

● ●

✻ Cultiva la comunicación

● ●

En la próxima conversación intenta usar pausas para crear espacios vacíos mientras hablas. Averigua si puedes preguntarle a tu interlocutor: «¿Y a ti qué te parece? O «¿Y qué piensas al respecto?» Observa cómo la conversación se abre en una experiencia compartida. Los dos participáis en el diálogo en lugar de estar uno de vosotros monopolizándolo.

El silencio, al igual que la palabra hablada, es un lenguaje que puede usarse de manera positiva o negativa. Dado que quieres aliviar el sufrimiento de los demás y también el tuyo, tu objetivo es usar el silencio para mejorar la comunicación en lugar de para dificultarla.

El silencio como ayuda

En los dos ejemplos anteriores es evidente que el silencio se ha usado como ayuda, pero otra forma de ver la utilidad del lenguaje del silencio es que las pausas que haces en una conversación te dan el tiempo necesario para conectar con el presente y vivir el momento. Este silencio te permite desprenderte de cualquier historia que te dé vueltas en la cabeza para prestar atención a lo que está ocurriendo frente a ti.

La monja budista Pema Chödrön enseña una especie de pausa que va de maravilla para estar atento. En su versión, alguien toca una campanilla de vez en cuando para interrumpir las conversaciones o lo que sea que esté ocurriendo en ese momento. Al oír la campanilla, todos dejan lo que están realizando y hacen una pausa durante tres respiraciones. Después retoman lo que tenían entre manos, pero con el beneficio de haberse tomado un momento para vivir el presente.

A veces es más fácil hacer pausas cuando estás en una situación placentera, como cuando te arrimas a tu pareja o paseas por la calle contemplando el cielo. Estos momentos te llevan por sí solos a captar tu alrededor y a agradecer y apreciar lo que gozas en la vida. Hacer una pausa en los buenos momentos te lleva al presente, eres consciente de tu vida. Y en los malos momentos te permite ver el lado positivo de la situación, conectar de nuevo con la otra persona y buscar las palabras adecuadas para expresarte. De este modo el silencio se convierte en un lenguaje muy provechoso.

✿ Cultiva la comunicación

El silencio no se ve con buenos ojos en el mundo moderno y los silencios en una conversación se suelen considerar «incómodos». Pero ¿eso es cierto? ¿Es que debemos hablar sin parar?

En los próximos días aplica el «silencio» en tus conversaciones. Cuando veas que estás a punto de hablar por decir algo o para llenar un momento de silencio (con la típica pregunta de: «¿Qué tiempo hace?»), haz una pausa. Al principio te resultará más fácil realizarlo con las personas más cercanas. Si lo prefieres, di que estás practicando usar el silencio en una conversación. Observa cómo la capacidad de permanecer en silencio cuando estás con otras personas crea un ambiente de intimidad y os conecta con el presente.

Recuerda

Puedes usar el silencio para expresar compasión e intimidad, para igualar una conversación y como una oportunidad para centraros en el presente.

- Cómo transformar el silencio en compasión: repara en el silencio —cómo lo estás usando y el sentimiento que hay tras él—, y ve la situación desde el punto de vista de la otra persona con una mirada afectuosa.

- Cómo usar el silencio como igualador: usa las pausas de una conversación para incluir a los demás; deja de centrarte en «ti» para hacerlo en «nosotros».

- Cómo usar el silencio para mejorar la comunicación: tómate tu tiempo para pensar en la conversación, así te asegurarás de que sea afectuosa, sincera y provechosa.

En la última parte del libro describo el silencio mindful. Tal vez te digas: «¡Pero si este capítulo ya trata del silencio!» Te prometo que el siguiente es distinto. En lugar de usar el silencio en las conversaciones, se basa en crear el silencio en tu interior para que tus palabras sean sinceras y provechosas, sin juicios de valor ni exageraciones.

El silencio mindful

El silencio mindful consiste en sentarte durante cinco, diez, veinte minutos o más tiempo, en silencio y con plena atención. Observa tus pensamientos y sentimientos, pero sin apegarte a ellos, simplemente aceptándolos y dejándolos marchar para volver a concentrarte, ya sea en la respiración, el cuerpo, un mantra o en cualquier otra cosa. El silencio mindful en este contexto consiste en meditar.

Aunque sea la última parte de la práctica de comunicarte como un budista, es la que hace que las otras te resulten más fáciles de realizar. Posiblemente sea la más importante del libro, ya que sin esta última herramienta te sería prácticamente imposible usar los elementos de la recta palabra en una conversación. ¿Por qué? Porque la práctica de la meditación te deja ser quien eres tal como eres, sin juzgarte ni avergonzarte por nada. Te sientas a solas contigo mismo, desnudo, sin juzgarte, aceptándote. Solo cuando te aceptes a ti mismo podrás aceptar a los demás. En cuanto te aceptas, te resulta más fácil dejar de mentir, exagerar, chismorrear y herir a los demás con tus palabras. Te conviertes en tu propia versión de un bodhisattva.

QUINTO PASO

Meditación

El que mira fuera, sueña; el que mira
en su interior, despierta.

CARL JUNG

Mientras aprendía los elementos de la recta palabra y descubría la manera de aplicarlos a mi vida cotidiana, un paso que me ayudó a ponerlos en práctica fue meditar. Me imagino que posiblemente ya conoces la meditación, pero hablaré brevemente de ella, por si acaso, antes de presentarte unas meditaciones especiales que te permitirán desarrollar tu habilidad para comunicarte.

La meditación es un tema difícil para muchos. Tal vez la consideres un tanto «rara» o como algo reservado a los alumnos más espirituales. Algunas personas se sienten incómodas con solo oírla mencionar. Y es lógico. En nuestra vida moderna no estamos acostumbrados a detenernos para no hacer nada en el sentido literal de la palabra durante cinco o diez minutos. ¿Cómo se supone que dejas de pensar? ¿Y si crees que no tienes cinco minutos para relajarte? ¿Cómo te harás un hueco para meditar siguiendo la respiración? ¿Es necesario ser budista o una persona espiritual para meditar?

Ante todo, ¡no necesitas ser nada para meditar! Y en segundo lugar, el objetivo, como verás más adelante, no es dejar de pensar, sino simplemente ser consciente de que estás pensando. Meditar consiste en reparar en lo que ocurre en tu interior sin juzgarlo, sin apegarte a ello, captándolo simplemente y dejándolo ir. Quizá reconocerás el mantra de advertir algo y no aferrarte a ello de los capítulos anteriores.

¿Qué es la meditación?

La meditación es una práctica antigua y moderna que reduce el estrés y ayuda a entrenar el cerebro para que sea menos reactivo y más receptivo. Para mí, la meditación es la práctica de observar sin juzgar. De sentarte, concentrarte y volverte a concentrar. Puedes concentrarte en la respiración, en un sonido o en una frase; la cuestión es que volver a concentrarte en ello siempre te ayuda a instalarte en el presente. Dejas que tus pensamientos viajen al pasado y al futuro, reparas en ellos, y los dejas ir sin juzgar, volviéndote a concentrar en el objeto elegido. Esta práctica se parece mucho a las enseñanzas que he descrito sobre la comunicación, en las que estás regresando constantemente a la conversación que mantienes, centrándote en el momento y en la persona o personas con la que estás hablando. En la meditación también dejas siempre que los pensamientos se vayan, versen sobre lo que versen, y vuelves al momento presente, y así una y otra vez. ¿Recuerdas este esquema?

El proceso de estar presente en una conversación

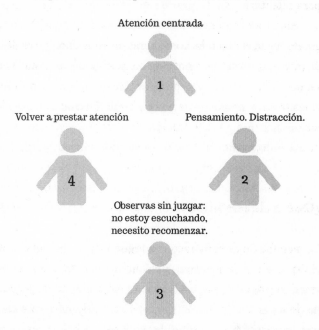

Atención centrada

1

Volver a prestar atención

Pensamiento. Distracción.

4

2

Observas sin juzgar:
no estoy escuchando,
necesito recomenzar.

3

Hay muchas clases distintas de meditación (sentado, andando, tendido, etcétera), pero para la finalidad de este libro busca un lugar tranquilo donde puedas estar a solas unos momentos sin distraerte.

Siéntate sobre un cojín, con las piernas cruzadas, de modo que las rodillas queden por debajo del nivel de las caderas, o hazlo en una silla con las plantas de los pies apoyadas firmemente en el suelo y las manos descansando sobre los muslos. Mantén la espada recta y la columna erguida, y dirige la mirada a un punto situado a unos quince centímetros de distancia delante de ti. También puedes cerrar los ojos si lo prefieres. Mantén la espalda derecha y relajada al mismo tiempo para estar cómodo. En cuanto adoptes esta postura, respira hondo un par de veces para centrarte en el presente y seguir la respiración.

Presta atención a la manera en que tu pecho se expande y contrae mientras respiras. Presta atención ahora a las pausas que se dan entre la respiración. Cuando tu mente se distraiga, repara simplemente en que estás pensando y vuelve a prestar atención a la respiración

Cuando meditas por primera vez normalmente ocurre lo siguiente: cierras los ojos y te pones a pensar: *Vale, me centraré en la respiración... inspiro... espiro... tengo que enviarle un correo a... inspiro... espiro... me he olvidado de ponerle la comida al perro... ¿o ya se la he puesto?...*

Mientras fijas tu atención en la respiración, tu mente quizá divague con pequeñas explosiones de pensamientos sobre cosas, personas, ideas, emociones y sensaciones. Todo esto puede hacer que pienses: *¡Oh, no! Lo estoy haciendo mal*, pero la verdad es que esto es lo que nos ocurre a la mayoría. Repara simplemente en los pensamientos y lo que sientes en tu interior, y vuelve con suavidad a centrarte en la respiración. En cuanto te das cuenta de que te has dejado llevar por una serie de pensamientos, esa es la señal para volver a la respiración. Esto te enseña a observar tus pensamientos sin involucrarte ni apegarte a ellos. Empieza gradualmente, meditando de cinco a diez minutos, y ve alargando poco a poco las sesiones. Encontrar un profesor o un grupo de meditación también te puede ser útil, ya que a todos nos resulta más fácil de algún modo meditar con otras personas.

Piensa en cómo esta práctica te ayudará a comunicarte contigo mismo y con los demás. Al dejar ir los pensamientos, te resulta más fácil no apegarte a las historias en las que te quedas atrapado y volver al presente. Empezarás a captar los guiones de los demás sin intentar solucionar o hacerte cargo de sus problemas. Verás aquello que no te ayuda a mejorar las conversaciones y aprenderás a no aferrarte a ello. La meditación consiste en aprender a escucharte sin juzgarte, en ser consciente de tus palabras y de tus expresiones faciales, en estar presente por ti y por los demás. Meditar, además de hacerte cobrar conciencia del presente, te ayuda a no reaccionar automáticamente ante las situaciones, la gente y las cosas y a ser más sensible.

La práctica de la meditación

La meditación te ayuda a aceptar lo que ocurre en el momento, por lo que te vuelves más abierto y compasivo con los demás y ves las situaciones y circunstancias con más claridad. Pero no aprendes a meditar y te olvidas de ello, sino que es una práctica que nunca dejas de alcanzar, practicar o perfeccionar. Cuando la cultivas te recuerda que en cualquier momento en que te comunicas puedes volver a fijar la atención, ser consciente de la respiración y empezar de nuevo.

Para la finalidad de este libro me centraré en cinco clases de meditación:

* Meditar para ser más compasivo contigo mismo

- Meditar para ser sincero

- Meditar para ver las cosas desde el punto de vista de otra persona

- Meditar para no apegarte a una historia

- Meditar para equilibrar o reequilibrar la comunicación

Incorporar cualquiera de estos tipos de meditación a tu día a día te ayudará a deshacerte de las viejas rutinas de comunicación. Aquí los describiré de pasada, pero te invito a examinarlos más a fondo por ti mismo para incorporarlos a tu práctica.

Meditar para ser más compasivo contigo mismo

Para comunicarte de manera afectuosa, sincera y útil con los demás has aprendido que primero debes comunicarte contigo mismo de la misma forma. Esta meditación sobre la bondad amorosa, que proviene del budismo, es una técnica para ser más compasivo contigo mismo y con los demás. Aunque hay distintas versiones de esta meditación, la que encontrarás a continuación emplea unas frases que repites en silencio primero para los demás, después para ti y por último para el mundo. Elige de entre las siguientes frases las dos con las que más te identifiques.

Que te sientas amado.
Que te sientas en paz.

Que te liberes del sufrimiento.

Que te sientas seguro.

Que conozcas la alegría.

Que seas feliz.

Con los ojos cerrados, visualiza a alguien a quien amas y aprecias. Percíbelo frente a ti. Siente las sensaciones o sentimientos que tienes cuando ves a esa persona. Acércate a ella, abrázala y di en silencio las dos frases que has elegido (*Que te sientas amado, Que conozcas la alegría*). Observa la sensación que te produce durante un minuto.

Céntrate ahora en ti. Ponte la mano sobre el corazón y repite las dos frases pensando en ti. (*Que te sientas amado, Que conozcas la alegría*). Observa esta sensación, deja que surja tal como es cualquier cosa que sientas en tu interior.

Céntrate ahora en alguien a quien apenas conozcas —el cartero, la camarera de la cafetería— y repite las dos frases, observando la emoción que surge dentro de ti.

Visualiza, por último, a todos los seres del mundo y repite de nuevo las dos frases. Termina la meditación volviendo a centrarte en ti y repitiéndote las dos frases a modo de bendición (*Que me sienta amado, Que conozca la alegría*). Respira hondo un par de veces y ahora, poco a poco, abre los ojos.

Hacer esta clase de meditación te ayudará a verte como alguien al que hay que cuidar y amar, como la persona encantadora y genuina que eres.

Meditar para ser sincero

En la tradición budista *vipásana* significa «ver las cosas como realmente son». Y si recuerdas el primer elemento de la recta palabra, el objetivo es ver las situaciones tal como son en lugar de como creemos que son o como queremos que sean. Esto no resulta fácil, pero la meditación vipásana te ayuda a conseguirlo.

La meditación vipásana te enseña a observarte sin juzgarte, aceptando quién eres tal y como eres. Al hacerlo, te ves capaz de observarte en los mejores momentos y en los peores, y de ver tus hábitos y acciones con claridad. Aprendes que si quieres conocerte siendo sincero contigo mismo, no puedes ignorar algunos aspectos tuyos y aceptar otros, porque en este caso no te conocerás a fondo o por completo. Al ser sincero contigo también lo eres con los demás. Ves quién eres a través de la meditación y aceptas lo que descubres.

Antes de conocer el budismo yo era incapaz de admitir la verdad de una situación o de responsabilizarme de mí misma y de mis actos. Me defendía, me justificaba, me excusaba y era la reina de la conducta pasivo-agresiva. Pero cuando empecé a practicar la meditación vipásana, poco a poco fui aprendiendo a aceptar la verdad de una situación y el papel que había jugado en ella. Cuanto más meditaba, más sincera me fui volviendo tanto conmigo misma como con los demás.

Medita para ver las cosas desde el punto de vista de otra persona

Tonglen, que significa «dar y tomar» o «dar y recibir», es una meditación del budismo tibetano. La meditación tonglen consiste en inhalar sufrimiento y en exhalar compasión. Al principio parece una práctica extraña, ya que mucha gente me pregunta por qué iba a traer el sufrimiento a su meditación. Pero al tomarlo, estás aceptando que el dolor y el pesar forman parte de ti. No estás intentando superarlo o rechazarlo, sino simplemente lo aceptas. Al sentir tu propio sufrimiento eres más capaz de aceptar el sufrimiento de los demás.

Esta meditación va de maravilla para aprender a comunicarte de otra forma porque se centra en uno de los elementos más difíciles: ver las cosas desde el punto de vista de otro. Para poder mantener una conversación afectuosa, sincera y útil tienes que aprender a ser compasivo. Sin compasión no es posible dialogar. Ni tampoco puedes ver la situación desde la perspectiva del otro.

La primera vez que hice esta meditación me pidieron que visualizara a alguien que estuviera sufriendo, y al que quisiera ayudar. Al inhalar, me dijeron que me imaginara en la situación de esa persona, sintiendo sus miedos, para ver el mundo a través de sus ojos. Me dijeron que pensara en lo que más necesitaba. Que lo sintiera plenamente, tomándolo para que se sintiera aliviada. Al exhalar, me dijeron que me imaginara que le daba cualquier cosa que la sosegara.

Dedica un momento a pensar en alguien con quien hayas mantenido una conversación difícil o que te provoque fuertes reacciones automáticas cuando estáis en la misma habitación. Cierra los ojos y visualiza a esta persona. ¿Puedes meterte en su mundo? ¿Ver las situaciones desde su punto de vista? ¿Entender por qué habla o reacciona de esa forma particular suya? ¿Qué están pidiendo a gritos sus reacciones? ¿Qué sentimiento está anhelando tener? Abre los ojos y escribe lo que has sentido y lo que crees que esta persona necesita. La próxima vez consulta esta página antes de reunirte con ella.

Si meditas para experimentar compasión, te resultará más fácil ser compasivo cuando se presente el momento. Si te descubres en una conversación difícil, haz una pausa, respira, y entra en el estado que has cultivado en esta meditación. Cuanto más la practiques, más fácil te resultará ser compasivo cuando sea necesario.

Medita para no apegarte a una historia

Si bien las meditaciones anteriores son ideales para hacerlas a diario, yo solo practico esta para no apegarme a una historia después de una discusión en la que he reaccionado, he hablado con dureza, me he creído mejor que mi interlocutor o he sido objeto de su ira o dolor. Algunas personas la hacen a diario, pero yo me la reservo para esos momentos en los que necesito realmente desprenderme de una emoción abrumadora, cuando me quedo atrapada en una historia y necesito sacármela de la cabeza para entender qué sentimiento me ha hecho reaccionar así.

Esta meditación consiste en lo siguiente: adopta la postura de meditación que hayas elegido y cierra los ojos.

Inhala y exhala para centrarte. Piensa en las historias que has ido reuniendo. ¿De cuál no has podido dejar de hablar o quitarte de la cabeza? Obsérvala y deja que aflore el sentimiento que se esconde tras ella. Pregúntate: *¿Qué siento? ¿Qué estoy sintiendo ahora? ¿En qué sentido me siento dolido?* En cuanto evoques estas emociones, ponte la mano sobre el corazón y di: «Te veo». Dilo tantas veces como haga falta. «Te veo. Sé que estás dolido, estoy aquí por ti.» Sigue consolándote en la meditación durante varios minutos.

Cuando reacciono ante alguien o digo algo que no se ajusta a los elementos de la recta palabra, en lugar de quedarme atrapada en el círculo vicioso de la vergüenza, haciéndome sentir peor, dejo de apegarme a mis autocríticas pidiéndome perdón y perdonándome a mí misma. Cierro los ojos y me centro en lo que he hecho para herir a alguien. Veo el dolor que le he causado y digo: «Perdóname por mi reacción. Sé que estás disgustado por ella. Perdóname, te lo ruego». Y luego me digo a mí misma: *Te perdono por tu reacción. Te perdono por tu reacción.*

El día que hice esta meditación por primera vez, lloré. Nunca antes había sido afectuosa conmigo cuando había cometido un error. Me castigaba, creyendo que necesitaba regañarme por mi mala conducta. Pero ahora sé que lo que de verdad necesitaba era ver y admitir mi conducta, entender que eso no significaba que fuera una mala persona, viéndola como una oportunidad para aprender, quererme y empezar de nuevo.

Medita para equilibrar o reequilibrar la comunicación

Según la filosofía del yoga, los chakras son centros energéticos del cuerpo que si están en equilibrio, nos ayudan a vivir siendo sinceros, creativos, equitativos, felices y vitales. Y si no lo están, crean desajustes en la mente y en el cuerpo. Hay siete chakras principales en el cuerpo, pero para la finalidad de este libro me centraré en el vishuddha, o chakra de la garganta, ya que es el que se asocia con la comunicación. En la tabla de la página siguiente describo a grandes rasgos las características de un chakra de la garganta en estado de equilibrio y de desequilibrio.

Chakra	Equilibrado	Desequilibrado
Vishuddha (garganta)	Te expresas con fluidez y claridad, y dices solo lo que quieres y necesitas.	Finges que no te pasa nada cuando no es así.
	Te comunicas de manera mindful mediante los elementos de la recta palabra.	No crees que valga la pena hablar de lo que sientes.
		Eres hipócrita y parlanchín, o cuchicheas.

Aunque te identifiques en el acto con algunas de las características de un chakra de la garganta equilibrado, otras veces puedes darte cuenta de que está desequilibrado al notar cómo te sientes físicamente. La siguiente meditación sirve para equilibrar el chakra de la garganta.

Échate boca arriba y cierra los ojos. Mientras inspiras y espiras, imagínate que el aire circula por todo tu cuerpo.

Céntrate ahora en la garganta. ¿La notas seca? ¿Tensa? ¿Obstruida? ¿Te duele o está inflamada? Imagínate que inhalas una luz blanca que se esparce por ella y exhala luego cualquier sensación de molestia o negrura. Inhala luz blanca y exhala cualquier obstrucción que sientas en la garganta. Haz esta meditación durante varios minutos, visualizando que te limpias la garganta de cualquier cosa que la esté obstruyendo.

Cada chakra tiene un mantra ligado a él. El mantra del chakra de la garganta es *hum*. Según la tradición tántrica hindú, es posible limpiar un chakra repitiendo el mantra y concentrándose en el lugar donde se encuentra, en este caso en la garganta.

Saca tiempo para meditar

En mis talleres la pregunta más habitual que me hacen es de dónde saco el tiempo para meditar o cómo creo un ritual o una sesión diaria. La mayoría de las personas se plantean meditar treinta minutos; lo que ya es un gran objetivo, pero si la meditación es algo nuevo para ti, este periodo de tiempo se te hará muy pesado en lugar de convertirse en un remanso de paz. Al principio procura meditar solo cinco minutos. Hazlo durante una semana y observa cómo te sientes. A medida que te encuentres más cómodo meditando y sientas y veas los beneficios que te aporta, querrás alargar la sesión. Haz lo que creas más conveniente. Algunos días yo medito diez minutos y otros, treinta.

La meditación es una práctica que consolida todos los pasos de comunicarte como un budista, por eso he creado unas meditaciones dirigidas para cada capítulo. Las puedes descargar gratuitamente entrando en http://communicateli-keabuddhistmeditations.com. La mayoría son meditaciones que duran de cinco a diez minutos.

El proceso mental
de comunicarte
como un budista

*Aquello que persistimos en hacer se vuelve más
fácil de realizar, no porque la naturaleza de la tarea
en sí haya cambiado, sino porque ha aumentado
nuestro potencial de ejecutarla.*

RALPH WALDO EMERSON

Has llegado al último paso y espero que si has estado haciendo los ejercicios para cultivar la comunicación de los capítulos anteriores, tu forma de comunicarte contigo mismo y con los demás haya mejorado enormemente. Como ya he dicho antes, es un proceso que dura toda la vida. Pero si sigues estos cinco pasos continuamente en tus interacciones, no tardarán en convertirse en tu estilo de vida.

Mientras los sigues, verás que siempre te llevan a la misma serie de preguntas. En esta parte las he destacado para que tu forma de comunicarte se vuelva más mindful. Sea cual

179

sea el tema de conversación, siempre te harás las mismas preguntas. Te ayudarán a respetar los elementos de la recta palabra mientras te comunicas contigo mismo y con los demás.

1) Escúchate
¿Me comunico conmigo mismo y con los demás con afecto, sinceridad y sin juzgar? ¿Mejoran mis palabras la situación?

2) Escucha a los demás
¿Escucho con actitud afectuosa, sincera y provechosa, sin juzgar? ¿Me pongo en la piel de la otra persona? ¿Qué experiencias influyen en su punto de vista? ¿Qué sentimiento hay detrás de su historia? ¿Qué necesita esta persona para sentirse segura?

3) Habla de manera consciente, concisa y clara
¿Soy claro y directo?

4) Utiliza el lenguaje del silencio
¿Es mi silencio afectuoso, sincero, provechoso y libre de juicios?

Ahora ya sabes cómo escucharte atentamente a ti y escuchar a los demás, y cómo elegir tus palabras con acierto para que tu interlocutor te oiga y entienda mejor. Ya no hablas negativamente de la gente. Hablas de corazón y en cuanto dices algo, no te apegas a ello; sabes que no eres responsable de cómo responda la otra persona. Con toda esta información dispones de las herramientas para comunicarte como un budista. Espero que te ayuden a dejar de reaccionar en tus conversaciones para responder con calma, claridad y utilidad.

Me gustaría saber cómo ha cambiado tu modo de comunicarte al incorporar estos pasos en tu vida y también si han creado algún cambio en ella. Cuéntame tus experiencias o formúlame cualquier pregunta si lo deseas en:

cynthia@cynthiakane.com

Agradecimientos

Ante todo, me gustaría dar las gracias a Susie Pitzen. Sin ella este libro no habría sido posible. Susie, gracias por echarme una mano y por hacerme la pregunta que estaba deseando oír: «¿Has pensado alguna vez en escribir un libro?» Gracias Randy Davila por creer en esta obra y permitirme profundizar en el tema y soltarme para ser yo misma en estas páginas. Es un honor para mí haber trabajado con un equipo tan amable e inspirador. Me siento muy agradecida.

Agradezco a Nathaniel Branden su labor sobre la autoestima y también al difunto Marshall Rosenberg su obra sobre la comunicación no violenta.[3] Vuestras palabras me han cambiado la vida. Otro momento transformador fue el taller al que asistí de Terri Cole y Ashley Turner; gracias por darme las herramientas que necesitaba para empezar a conocerme.

A mis amigas de las sesiones de lluvia de ideas, Susan Solomon e Ingrid Nilsen, este libro no solo no sería lo que es

---

3. *Comunicación no violenta: cómo utilizar el poder del lenguaje para evitar conflictos y alcanzar soluciones pacíficas*, Urano, Barcelona, 2000.

sin vosotras dos, sino que además mi mundo no sería el mismo sin vuestra presencia en él. Gracias por ayudarme a ver con claridad y a vivir con alegría.

Gracias mamá y papá por enseñarme que la vida nos la hacemos cada uno y por creer en mí incluso cuando yo era incapaz de ello. Vuestro constante amor y apoyo me da la energía para vivir cada momento. Os quiero. También deseo mencionar a mi hermana y a su asombrosa familia, gracias por animarme a reír, a jugar, a saltar y a hacer globos de chicle, que se cuenta entre las cosas más importantes de la vida.

Bryan, ¿qué puedo decirte? Has hecho que estuviera presente y centrada. Has creado un ambiente tan cálido, espacioso y cariñoso que me he sentido realmente cómoda expresándome. Gracias por ser un compañero tan maravilloso en mi vida y por hacerme querer ser la mejor versión de mí cada día. Te lo agradezco muchísimo.

Bibliografía

Cuando estaba escribiendo este libro me dediqué a estudiar las obras de muchos de los mejores maestros budistas y expertos en comunicación. He leído todas las que enumero más abajo, y cada una ha transformado mi forma de comunicarme y de relacionarme con el mundo. He sido capaz de tomar las perlas de sabiduría que me han ofrecido y las he aplicado en mi vida. Estoy segura de que tú también lo harás.

¿Cuál es tu forma de comunicarte?

Broken Open, Elizabeth Lesser.

Fully Present: The Science, Art, and Practice of Mindfulness, Susan L. Smalley, PhD, y Diana Winston. [trad. castellano: *Conciencia plena*, Obelisco, Barcelona, 2012].

Insight Meditation: The Practice of Freedom, Joseph Goldstein. [trad. castellano: *La meditación vipásana: la práctica de la libertad*, Dharma, Alicante, 1998].

Loving-Kindness: The Revolutionary Art of Happiness, Sharon Salzberg. [trad. castellano: *Amor incondicional,* Edaf, Madrid, 1997].

Radical Acceptance: Embracing Your Life with the Heart of a Buddha, Tara Brach, PhD. [trad. castellano: *Aceptación radical: abrazando tu vida con el corazón de un buda,* Gaia, Móstoles, 2014].

The Art of Communicating, Thich Nhat Hanh.

Escúchate

Comfortable with Uncertainty: 108 Teachings on Cultivating Fearlessness and Compassion, Pema Chödrön. [trad. castellano: *Vivir bellamente: en la incertidumbre y el cambio,* Gaia, Móstoles, 2013].

Shambhala: The Sacred Path of the Warrior, Chögyam Trungpa. [trad. castellano: *Shambala: la senda sagrada del guerrero,* Kairós, Barcelona, 2013].

Teoría de la Emoción de Schachter-Singer: www.psychwiki. com/wiki/The_Schachter-Singer_Theory_of_Emotion.

The Sweet Spot: How to Find Your Groove at Home and Work, Christine Carter, PhD. [trad. castellano: *El aprendizaje de la felicidad: 10 pasos para fomentar le felicidad en los niños y en sus padres,* Urano, Barcelona, 2012].

The Power of Habit: Why We Do What We Do in Life and Business, Charles Duhigg. [trad. castellano: *El poder de los hábitos: por qué hacemos lo que hacemos en la vida y en la empresa,* Urano, Barcelona, 2012].

Escucha a los demás

The Female Brain, Louann Brizendine, MD. [trad. castellano: *El cerebro femenino,* RBA, Barcelona, 2010].

The 5 Love Languages: The Secret to Love That Lasts, Gary Chapman. [trad. castellano: *Los cinco lenguajes del amor: el secreto del amor que perdura,* Editorial Unilit, Florida, 2011].

Hablar de manera consciente, concisa y clara

A Woman's Self-Esteem: Struggles and Triumphs in the Search for Identity, Nathaniel Branden. [trad. castellano: *La autoestima de la mujer,* Paidós Ibérica, Barcelona, 2010].

Codependent No More: How to Stop Controlling Others and Start Caring for Yourself, Melody Beattie. [trad. castellano: *Libérate de la codependencia,* Sirio, Málaga, 2013].

Daily Wisdom: 365 Buddhist Inspirations, editado por Josh Bartok. [trad. castellano: *Sabiduría diaria: 365 inspiraciones budistas,* Amat, Barcelona, 2004].

Nonviolent Communication: a Language of Life, Marshall B. Rosenberg, PhD. [trad. castellano: *Comunicación no violenta: cómo utilizar el poder del lenguaje para evitar conflictos y alcanzar soluciones pacíficas,* Urano, Barcelona, 2000].

Oh, Sure! Blame It on the Dog! A Pickles Collection de Brian Crane.

Rework, Jason Fried y David Heinemeier Hansson. [trad. castellano: *Reinicia: borra lo aprendido y piensa la empresa de otra forma*, Empresa Activa, Barcelona, 2010].

The Success Principles, Jack Canfield. [trad. castellano: *Los principios del éxito*, RBA, Barcelona, 2005].

The Verbally Abusive Relationship: How to Recognize It and How to Respond, Patricia Evans.

Utiliza el lenguaje del silencio

Artículos y charlas TED de Amy Cuddy sobre las posturas de poder: www.ted.com/talks/amy_cuddy_your_body_language_shapes_who_you_are

www.businessinsider.com/power-pose-2013-5

How God Changes Your Brain: Breakthrough Findings from a Leading Neuroscientist, Andrew Newberg, MD y Mark Robert Waldman.

Mating in Captivity: Unlocking Erotic Intelligence, Esther Perel. [trad. castellano: *Inteligencia erótica*, Temas de Hoy, Madrid, 2007].

The Art of Doing Nothing: Simple Ways to Make Time for Yourself, Veronique Vienne y Erica Lennard.

The Everything Guide to Chakra Healing: Use Your Body's Subtle Energies to Promote Health, Healing, and Happiness, Heidi E. Spear.

The Five Keys to Mindful Communication Using Deep Listening and Mindful Speech to Strengthen

Relationships, Heal Conflicts, and Accomplish Your Goals, Susan Gillis Champan.

The Four Agreements de don Miguel Ruiz. [trad. castellano: *Los cuatro acuerdos: un libro de sabiduría tolteca,* Urano, Barcelona, 2010].

Meditación

Estudios que demuestran los beneficios de la meditación: http://news.harvard.edu/gazette/story/2011/01/eight-weeks-to-a-better-brain/

www.psyn-journal.com/article/S0925-4927%2810%2900288-X/abstract

Meditaciones dirigidas de Tara Brach: http://tarabrach.com/mtti/2013-08-11-TrueRefuge-Tonglen-GuidedMeditation.pdf

Perfect Health: The Complete Mind/Body Guide, Deepak Chopra, MD. [trad. castellano: *La perfecta salud,* Ediciones B, Barcelona, 2006].

Simple, Easy, Every Day Meditation Method, Sarah McLean.

Susan Piver's Open Heart Project: http://susanpiver.com/2012/04/11/right/

The Buddha Walks into a Bar…: A Guide to Life for a New Generation, Lodro Rinzler. [trtad. castellano: *El Buda entra en un bar: una guía de la vida para una nueva generación,* Kairós, Barcelona, 2013].

The Everything Guide to Chakra Healing: Use Your Body's Subtle Energies to Promote Health, Healing, and Happiness, Heidi E. Spear.

Sobre la autora

Dominique Fierro Photography + Design

Cynthia Kane tiene una licenciatura en Artes Liberales por el Bard College y un doctorado por el Sarah Lawrence College. Profesora titulada de meditación y mindfulness, se dedica a ayudar a la gente a cambiar su forma de comunicarse para que se sienta comprendida en el hogar y en el trabajo, y sea dueña de sus palabras y reacciones. Vive en Washington, D.C. y ofrece talleres y asesoramiento personal. Visítala en:

www.cynthiakane.com.

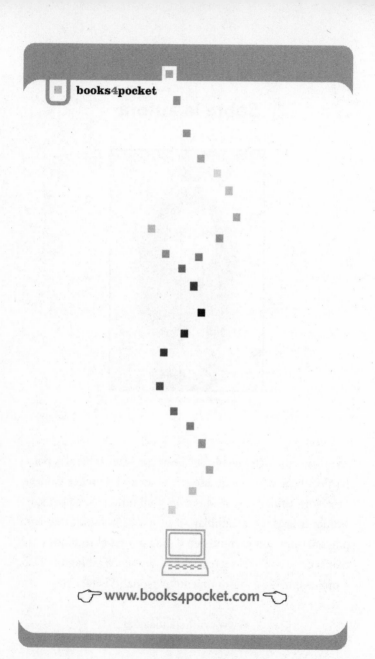

books4pocket

www.books4pocket.com